Delius Klasing
EDITION NAGLSCHMID

Schon die ersten Eindrücke von der Welt unter Wasser vermitteln eine solche Vielfalt an Formen und Farben, die das wachsende Interesse an der Natursportart Tauchen verständlich machen.

FRIEDRICH NAGLSCHMID

Tauchen

Handbuch für Einsteiger

Delius Klasing
EDITION NAGLSCHMID

Alle in diesem Buch enthaltenen Angaben, Daten, Ergebnisse usw. wurden vom Autor nach bestem Wissen erstellt und von ihm und vom Verlag mit größtmöglicher Sorgfalt überprüft. Gleichwohl sind inhaltliche Fehler nicht vollständig auszuschließen. Daher erfolgen die gemachten Angaben, Daten, Ergebnisse usw. ohne jegliche Verpflichtung oder Garantie des Autoren oder des Verlages. Weder der Autor noch der Verlag übernehmen irgendeine Verantwortung und Haftung für etwaige inhaltliche Unrichtigkeiten.

Baden, Schnorcheln, Tauchen und Technisches Tauchen können Gefahrenmomente beinhalten, die sich allein durch ständiges Training und die sachkundige Ausbildung bei lizenzierten Tauchschulen und Vereinen minimieren lassen. Verlag und Autoren empfehlen dringend, nur innerhalb der durch Ausbildung, eigene Erfahrung und Tagesform gesetzten Grenzen zu tauchen. Verlag und Autor übernehmen keine Haftung für Unfälle oder Todesfälle, die auf Grund von Informationen aus diesem Buch entstanden sind oder sein könnten.

Geschützte Warennamen und Warenzeichen werden nicht besonders gekennzeichnet. Aus dem Fehlen solcher Hinweise kann also nicht geschlossen werden, dass es sich um einen freien Warennamen oder ein freies Warenzeichen handelt.

Bibliografische Information Der Deutschen Bibliothek
Die Deutsche Bibliothek verzeichnet diese Publikation in der Deutschen Nationalbibliografie; detaillierte bibliografische Daten sind im Internet über »http://dnb.ddb.de« abrufbar.

ISBN 3-89594-094-1

Titelfoto: Dietmar Reimer/ MTi-Press, Stuttgart
Fotos: EWAmarine (S. 103, 105), Herbert Frei (S. 101), Werner Gruiter (S. 56) Helferich Kerll (S. 26), Manuela Kirschner (S. 10, 52, 54) Friedrich Naglschmid (S. 56, 57, 58, 61, 98, 99, 107, 108), Matthias Naglschmid (S. 11, 63, 64, 68) Dietmar Reimer (S. 2, 14, 55, 59, 95), Klaus Reith (S. 58), Arnd Rödiger (S. 57, 58) Erhard Schulz (S. 46)/MTi-Press. Die Technischen Aufnahmen wurden von SCUBAPRO UWATEC Germany, www.scubapro-uwatec.com zur Verfügung gestellt.
Grafiken: Stephanie Naglschmid / MTi-Press, Scubapro
Umschlaggestaltung: Buchholz/Hinsch/Hensinger, Hamburg
Gesamtherstellung: J. P. Himmer GmbH + Co. KG, Augsburg
Printed in Germany 2004

Vertrieb: Delius Klasing Verlag, Siekerwall 21, D-33602 Bielefeld
Tel.: 05 21/5 59-0; Fax: 05 21/5 59-1 15
E-Mail: info@delius-klasing.de
www.delius-klasing.de

Inhalt

Vorwort

Schnorcheln und Tauchen sind seit den Pioniertagen von Jacques Yves Cousteau und von Hans und Lotte Hass in knapp fünfzig Jahren zu den großen, weltweit betriebenen Sportarten aufgestiegen. Groß und klein bevölkern die Strände und für die meisten von ihnen gehören Maske, Schnorchel und Flossen zur sommerlichen Grundausrüstung. Knapp eine Million Bundesbürger betreiben in ihrer Freizeit und in ihrem Urlaub das Tauchen mit Gerät, und für Millionen stellt Sporttauchen die attraktivste Sportart, die man selbst betreiben möchte, überhaupt dar. Reisegebiete wie die Malediven sind ohne Tauchen kaum mehr vorstellbar.
Eine vor Jahren gemachte Erhebung ergab zudem, dass 16 Prozent aller Jugendlichen im Wassersport die beliebteste Freizeitbeschäftigung sehen. Tauchen wurde damit zu einer der großen Attraktivitäten im Sportgeschehen – nur wenige Sportarten wiesen in den letzten Jahren ähnliche Zuwachsraten auf. Dabei sind die Motive der einzelnen Sporttaucher sehr verschieden: Manche treibt der sportliche Ehrgeiz unter die Wasseroberfläche, andere genießen die Schwerelosigkeit im weiten Blau der Meere, wieder andere lassen sich von der einzigartigen Schönheit der Meerestiere wie auch der Unterwasserpflanzen faszinieren. Ein Quäntchen Abenteuer und Mystik ist immer dabei, und ich meine, wir sollten uns dessen auch nicht schämen.
Aber egal, welche Motive es sind, die Sie zum Tauchsport führen: Am Anfang eines Taucherdaseins hat immer eine solide, fundierte Ausbildung zu stehen.
Dieses Handbuch für Einsteiger macht Sie mit den wichtigsten Grundlagen des modernen Tauchsports vertraut und soll Ihnen gleichzeitig ein Leitfaden durch die Vielzahl der Anbieter von Tauchausbildungen weltweit sein.
Der Schwerpunkt dieses Buches liegt dabei auf dem Begriff »Natursport Tauchen«, der Fähigkeit also, sich aufgrund einer vorgegebenen Ausbildung einen Lebensraum zu erschließen und begreifen zu lernen, der allein schon durch seine Vielseitigkeit an Farben und Formen faszinierend ist. Viele sind allein von diesem Erleben gefangen und begnügen sich auch damit, es still für sich zu genießen.
Doch meistens bleibt es nicht beim alleinigen Betrachten und Genießen der Unterwasserwelt. Der Wunsch, Freunden und Bekannten, die selbst nicht tauchen, einen Einblick in dieses Erlebnis zu vermitteln, lässt viele Sporttaucher heute zu den Medien Unterwasserfilm, -foto und -video greifen. Für diese Fotografen und Filmer ist Sporttauchen das Mittel zum Zweck, im Vordergrund steht der gelungene »Schuss mit der Kamera«.
Daneben erwacht meist schnell das Verlangen nach mehr Hintergrundinformation und Wissen. Welcher Fisch ist das? Wie lebt er? Wo lebt er? Wie vermehrt er sich? Mit welchen anderen Fischen ist die gezeigte Art verwandt? Und hat man erst einmal begriffen, dass ein einziger Tauchgang die Geschichte der Evolution

hautnah erfahren lässt, wird man noch mehr von diesen einzigartigen Erlebnismöglichkeiten in den unterschiedlichsten Gewässern dieser Erde haben wollen.
Noch viele solcher Motive ließen sich hier anreihen. Mit dem Einsatz moderner Medien gehen Fotografen und Filmer, ja sogar einfache »Knipser«, schon weit über die reine sportliche Betätigung hinaus. Meeresbiologisch oder limnologisch Interessierte (Limnologie = Süßwasser-, Seenkunde) erreichen bereits eine Verzahnung ihrer Sportart mit der Wissenschaft.
Literaturstudien und Kontakte zu Wissenschaftlern sind nicht selten Anstöße für eine sinnvolle Freizeitgestaltung. Dass darüber die Freude am aktiven Sporttauchen nicht zurückzustehen braucht, ist selbstverständlich. Gerade durch das Erkennen des Gesehenen und durch das Verständnis der biologischen Zusammenhänge wird das Sporttauchen für viele erst zum wirklichen Erlebnis. Dass solche Taucher auch um ihre Verantwortung zum Schutz der Meere und Binnengewässer wissen, beweisen die vielen Aktivitäten, die gerade von der Seite der Sporttaucher in diesem Bereich ausgehen.
Gezielt, mit viel persönlichem und finanziellem Engagement, haben die Sporttaucher in den vergangenen Jahren einen bemerkenswerten Beitrag zum Schutz der großen Meerestiere geleistet. Aber sie haben darüber nicht die Aufgaben, die in den heimischen Gewässern anstehen, übersehen. Gewässerreinigungen, Gewässeranalysen und Gewässerbeobachtungen haben mit dazu beigetragen, das Verständnis für die gesamte Hydrosphäre, also all jene Gebiete, die mit Wasser bedeckt sind, zu fördern.
Nicht meeresbiologische, sondern historische Interessen führen andere Taucher in die Tiefe. Wracks, versunkene Hafenanlagen und Küstenstriche sind ihre Ziele. Als Freizeitarchäologen helfen sie mit, Wissenslücken aus unserer Vergangenheit zu schließen. Nicht selten unterstützen Sporttaucher dabei auch die moderne Archäologie.
Ohne Frage kann das bisher Gesagte nur ein kleiner Ausschnitt der Möglichkeiten sein, die es für den Sporttaucher gibt.
Dass sportliche Leistungen gemessen und untereinander verglichen werden, ist verständlich. So können leistungsorientierte Sporttaucher an Wettkämpfen und Mannschaftsspielen teilnehmen, die hohe körperliche Anforderungen stellen. Flossenschwimmen, Streckentauchen, Orientierungstauchen und vor allen Dingen Unterwasserrugby finden immer mehr Zuspruch.
Tauchen kann man übrigens in jedem Alter. Einzige Voraussetzung: Man bringt die erforderlichen gesundheitlichen Vorbedingungen mit, die Ihnen der Sportarzt unbedingt bescheinigen sollte.
Sporttauchen ist somit mehr als nur eine Sportart. Es ist ein Naturabenteuer, das auf angenehme Weise sportliche Aktivität mit dem Erleben einer faszinierenden Natur verbindet.

Dr. Friedrich Naglschmid
Stuttgart, Frühjahr 2004

Wie handhabe ich dieses Buch?

Dieses Buch stellt Ihnen zunächst die ganze Breite des Sporttauchens vor. Es soll Ihnen Leitfaden sein, den richtigen Einstieg in die Welt unter Wasser zu finden und Ihnen helfen Ihre Interessen und Vorstellungen an diesem faszinierenden Hobby gezielt umsetzen zu können. Daneben erhalten Sie wichtige Adressen und Informationen über Tauchorganisationen und Tauchanbieter, die eine gute Ausbildung gewährleisten.

Vor allem erhalten Sie aber einen ersten Einblick in die Praxis des Tauchens mit Maske, Schnorchel und Flossen und schließlich ins Tauchen mit dem Gerät.

Der Aufbau des Buches folgt dem Motto: Schritt für Schritt – der richtige Weg zum Taucher und zur Taucherin. Es sei hier eingefügt, dass sich das Buch an Taucher und Taucherinnen gleichermaßen wendet, um den Lesefluss nicht zu unterbrechen sich aber auf den Begriff Taucher beschränkt.

Dieses »Handbuch für Einsteiger« zeigt Ihnen, wie Sie sich zum Sporttaucher ausbilden lassen und wie Sie mit dieser Ausbildung die Unterwasserwelt erleben können, ganz egal, ob in heimischen Gewässern oder an tropischen Riffen.

Zur gleichen Zeit erfahren Sie aber auch, dass Sporttauchen ganz verschiedene Ebenen anspricht. Zuallererst einmal ist es das freie Schweben im Wasser, das von allen Ausübenden als ein begeisterndes Element dieses Sports bezeichnet wird. Beim Flossenschwimmen beispielsweise erreichen Sie neben einer Förderung des Gefühls für Bewegungsabläufe insbesondere eine verbesserte Kondition und schwimmerische Leistungsfähigkeit. In Vereinen werden regelmäßig Trainingsabende veranstaltet, sodass Sie das ganze Jahr über »tauchfit« sein und – bestens ausgebildet – im Urlaub das Erlebnis des Sporttauchens uneingeschränkt genießen können.

Tauchgänge (sie sollten immer angst- und stressfrei durchgeführt werden) bewirken psychische Ausgeglichenheit und sind dazu von hohem Erlebnis- und Erinnerungswert. Selbst erleben, selbst erfahren, selbst handeln, selbst aktiv sein – dies alles gemeinsam mit anderen Sportlern und Sportlerinnen zu planen und durchzuführen bildet in Verbindung mit sportlicher Fairness die Grundlage für Kameradschaft und sportliche Freundschaft im Tauchsport. Es bekräftigt zudem unser wichtiges Motto: »Tauche nie allein«.

Das Erlebnis unter Wasser fördert das Verständnis für die ökologischen Zusammenhänge der Natur. Es schult die Beobachtungsgabe und führt zu einer tiefen Naturverbundenheit. Bezeichnenderweise haben Sporttaucher für ihren Umgang mit den Gewässern das Leitmotiv »Sporttaucher sind fair zur Natur« gewählt. Wenn ich dies an dieser Stelle so besonders hervorhebe, dann deswegen, weil sich das Sporttauchen oft in den freien Gewässern, also außerhalb jeder sportlichen Einrichtung abspielt. Dies erfordert die Rücksichtnahme eines jeden einzelnen Tauchers, damit durch das

Sporttauchen keine weiteren Gefährdungen unserer Gewässer entstehen.
Des Weiteren werden Ihnen Möglichkeiten gezeigt, Ihre Leistung zu messen und sich zu prüfen, ob Sie im Bereich des Leistungssports in einer der Wettkampfarten des Tauchens wie Unterwasserrugby, Orientierungstauchen oder Flossenschwimmen auf Medaillenjagd gehen wollen. Die letzte Stufe führt Sie schließlich zu anderen Einsatzmöglichkeiten des Tauchens, angefangen von der Unterwasserfotografie bis hin zur Unterwasserarchäologie, vom Gewässerschutz bis hin zur Tierbeobachtung.
Wie bereits eingangs erwähnt, finden Sie zu allen Bereichen ein ausführliches Anschriften-, Literatur- und Internetverzeichnis, das Ihnen Hinweise gibt, wo und wie Sie Ihren Kenntnisstand erweitern und Ihr Engagement im Sporttauchen verstärken können.

Riffwunder Malediven: Wer sich unter Wasser ruhig und umsichtig verhält, ist verwundert über die neugierige Zutraulichkeit vieler Tierarten. Der begrenzte Luftvorrat setzt leider auch den Tierbeobachtungen enge Grenzen.

1. Stufe: **Bin ich ein Sporttaucher?**

Offizieller Taucherpass mit Logbuch. Einträge werden vom Tauchpartner gegengezeichnet und bestätigt.

Für alle, die sich unter Wasser begeben wollen, egal mit welchen Zielsetzungen und mit welchen Geräten, ist es unabdingbare Voraussetzung, dass sie sich von einem Facharzt auf die Tauglichkeit für den Unterwassersport untersuchen lassen. Kreislauf- und Gleichgewichtsstörungen, Lungenfunktionserkrankungen oder andere körperliche Beeinträchtigungen können das Sporttauchen ausschließen. Doch auch hier gilt: Der untersuchende Arzt kann die Tauchtauglichkeit zwar allgemein feststellen, aber für eine Entscheidung zu einem Tauchgang ist das Wohlbefinden im aktuellen Moment entscheidend, für die letztlich jeder Einzelne verantwortlich ist.

Auch wenn bei vielen Organisationen bestimmte altersmäßige Beschränkungen, besonders für Kinder, gegeben sind, sind individueller Gesundheitszustand, individuelle Einschätzung und richtige Risikoeinschätzung die wichtigsten Voraussetzungen, um sich als Sporttaucher in die Reihen der Neptunjünger einfügen zu können.

Dem Erlebnis Tauchen sind auch über Wasser keine Grenzen gesetzt.

Für mich ist jeder, der diese Bedingungen erfüllt, ein echter Sporttaucher, weil er sich an seinen natürlichen Grenzen orientiert und damit weder sich noch andere gefährdet.

Nach all dem, was bisher gesagt wurde, wird schnell erkennbar, dass die Anforderungen der verschiedenen Bereiche des Tauchsports sehr unterschiedlich sind. Fitness, Ausdauer, Beweglichkeit, klare Beherrschung des Körpers und der Wille zu konzentriertem Training in Verbindung mit einem relativ großen Lungenvolumen bei guter Kreislaufkonstitution, dazu eine natürliche Grundbegabung für den Ablauf von Bewegungsmustern und viel-

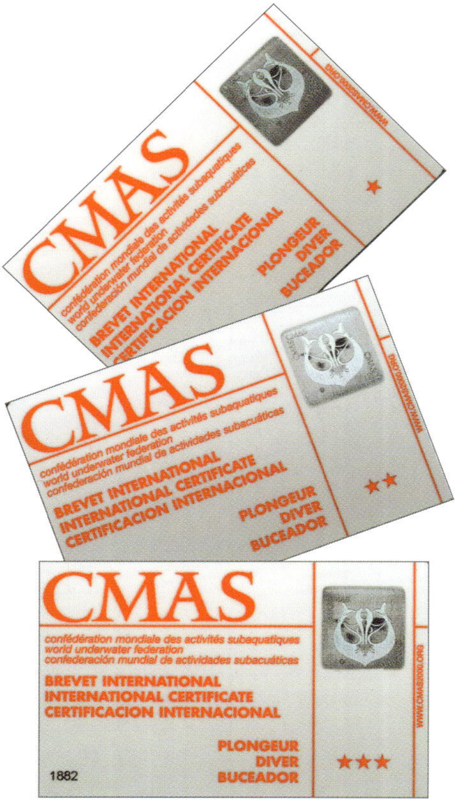

Beispiel für internationale Brevets: CMAS-Karte.

leicht das, was man als Veranlagung bezeichnen könnte, sollten Sie schon mitbringen, wenn Sie einmal Weltmeister im Flossenschwimmen werden wollen. Hier gelten alle die Voraussetzungen, die Sie auch für andere Leistungssportarten mitbringen sollten. Dies gilt natürlich in abgestufter Form auch für das immer beliebter werdende Apnoetauchen, bei dem Sie ganz auf Ihren eigenen Luftvorrat, Maske, Schnorchel und Flossen begrenzt die lichtdurchfluteten Meere und Seen durchstreifen.
Vielleicht lässt sich ein Vergleich anbringen, ein Vergleich aus anderen Sportarten, die Ihnen eventuell geläufiger sind. Hochspringen und Stabhochspringen sind zwei Disziplinen mit der gleichen Zielsetzung: nämlich die größtmögliche Höhe zu überwinden, die eine mit rein körperlicher Kraft, die andere mit einem technischen Hilfsmittel. Ähnlich verhält es sich mit dem Flossenschwimmen und dem normalen Schwimmen.
Zum Flossenschwimmen gehört neben dem eigentlichen Schwimmenkönnen noch die Beherrschung des Schnorchels, der Schutzbrille, eventuell des Tauchgeräts und vor allem die Beherrschung der geschwindigkeitsbestimmenden Flossen. Andere Techniken und Bewegungsabläufe bedingen aber für den Flossenschwimmer auch andere Vorgaben als für den Schwimmer.
Für den Unterwasserrugbyspieler gehören Ausdauer, Kondition, Spielübersicht und problemlose Verständigung mit den Mannschaftskameraden zu den wesentlichen Voraussetzungen, um diese Sportart erfolgreich zu betreiben.
Für den Orientierungstaucher ist es das Beherrschen von Marschzahl und Kompass sowie ein perfektes Orientierungsvermögen, das ihm behilflich ist, sein Wettkampfziel, einen festgelegten Parcours ohne Unterwassersicht, sozusagen blind, nur auf Instrumente konzentriert, zu finden und in der schnellstmöglichen Zeit zu bewältigen. Für den Freizeitsportler – ob als Unterwasserfotograf meeresbiologisch orientiert oder an der Unterwasserarchäologie interessiert – gehört neben seinem eigentlichen Spezialwissen die Grundausbildung des Sporttauchens mit der Beherrschung der richtigen Atemtechniken und guter Kondition, besonders ein gutes Einfühlungsvermögen in das betauchte Gewässer, zur sportlichen Grundlage.

2. Stufe: Wie finde ich den Einstieg?

Sporttauchen ist inzwischen schon so weit verbreitet, dass Sie sicher auch in Ihrer Nähe einen Verein oder eine Tauchschule finden, wo Sie das Sporttauchen unter fachkundiger Anleitung erlernen können. Doch ist hier auch ein wenig Vorsicht geboten. Angeregt durch Filme von Cousteau und Hans Hass oder durch Fernsehsendungen und -serien über und aus der Welt unter Wasser, aber auch motiviert durch Berichte und Erzählungen von Sporttauchern, kam es in den vergangenen Jahren zu einer immer größeren Nachfrage. Das führte leider jedoch auch dazu, dass eine große Anzahl von Tauchbasen und -schulen entstanden sind, die nicht in den international anerkannten Systemen wie BARAKUDA, BSAC, CMAS, DIWA, DLRG, EDA, FIT, FST, ICMC, IDA, INTD, ITD, NAUI, PADI, PROTEC, SSI, UDI, VIT, VDST, VDTL, VEST, VETL eingebunden sind. In solchen Tauchschulen wird das Sporttauchen oft in einer sehr vereinfachten Form und eventuell von nicht ausgebildeten Leuten unterrichtet. Darüber hinaus ist es für Ihren späteren Weg als Sporttaucher wichtig, dass Sie eine international anerkannte Ausbildung und international anerkannte Tauchsportabzeichen der oben aufgeführten Organisationen besitzen. Allein gültig werden zukünftig nur die sein, die auf der Grundlage von international anerkannten Ausbildungsnormen wie der Europäischen Norm (EN) und der Amerikanischen Norm basieren. Nur diese Abzeichen können entsprechend gültiger Äquivalenzlisten auf internationale CMAS-Brevets umgeschrieben und als Grundlage zur Weiterbildung verwendet werden.

Die CMAS (Confédération Mondiale des Activités Subaquatiques) ist der Weltverband des Tauchsports, in dem über 100 nationale Tauchsportverbände wie der Verband Deutscher Sporttaucher e.V. (VDST e.V.), der Tauchsportverband Österreichs (TSVÖ) und der Schweizer Unterwasserverband, der SUSV zusammengeschlossen sind. PADI, SSI, NAUI sind international tätige Ausbildungsorganisationen, der British Sub Aqua Club (BSAC) ein international tätiger nationaler Tauchsportverband, jedoch anders als VDST, TSVÖ und SUSV nicht der CMAS angeschlossen. Nur Brevets solcher Systeme und in sie integrierter Organisationen finden weltweit auf den Tauchbasen Anerkennung und ermöglichen es, damit auch überall an den Tauchbasen Tauchgeräte zu leihen und zu tauchen.

Achten Sie deshalb darauf, ob der Verein, die Tauchbasis oder die Tauchschule, in der Sie ausgebildet werden, einer international anerkannten Organisation angeschlossen oder von einer solchen lizenziert ist. Auskunft und nähere Informationen über solche Vereine und Schulen in Ihrer Nähe können Sie am besten über das Internet unter folgenden Adressen bekommen:

- http://www.divemaster.de
- http://www.cmas-germany.com
- http://www.padi.com
- http://www.ssi-germany.de

3. Stufe: Ich erlerne das Tauchen mit der ABC-Ausrüstung

Sanft gleitend wie ein Delfin durch die Riffe zu streifen gehört für die meisten Menschen zu den unvergesslichen Erlebnissen während eines Urlaubs am Meer.

Ausrüstung

Die kleinste und preiswerteste Tauchausrüstung, die ABC-Ausrüstung des Freitauchers, besteht aus Schnorchel, Maske und Flossen. Diese einfache Ausrüstung sichert dem Benutzer erhebliche Vorteile gegenüber dem »normalen« Schwimmer und ermöglicht es ihm, sich in ein »Amphibienwesen« zu verwandeln. Wegen der Passformen und der Abstimmungen auf eigene Bedürfnisse sollte die passende ABC-Ausrüstung gekauft und nicht geliehen werden. Beim Kauf dieser ABC-Ausrüstung sollten Sie die folgenden Ratschläge beachten.

Schnorchel

Dieses simple Gerät gestattet eine problemlose Atmung an der Wasseroberfläche, ohne dass man dabei dauernd den Kopf aus dem Wasser heben muss. Dadurch ist auch die ununterbrochene Beobachtung der Geschehnisse unter Wasser

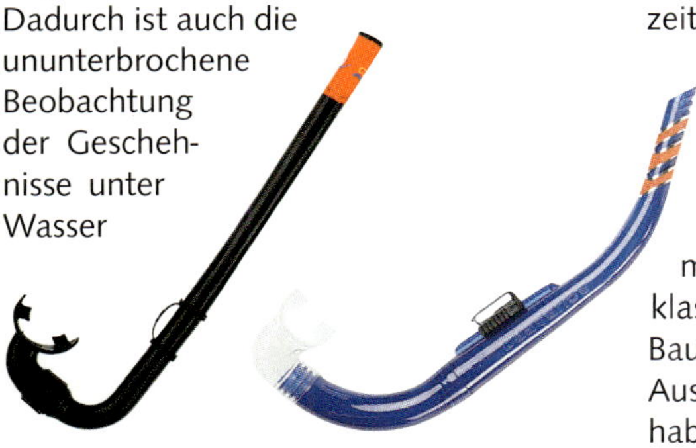

Ein Schnorchel muss zu Mund und Kopf passen.

möglich, ohne dass man durch die Atembewegung die Tiere verscheucht.
Der ideale Schnorchel besteht heute aus einem ergonomisch leicht gebogenen, hydrodynamisch geformten ovalen, festen Rohr von höchstens 35 cm Länge bei einem Innendurchmesser von 15 bis 35 mm. Die Benutzung eines längeren oder verlängerten Schnorchels ist lebensgefährlich, da es infolge des Druckunterschieds im Wasser und an der Wasseroberfläche zu Verletzungen der Lunge,

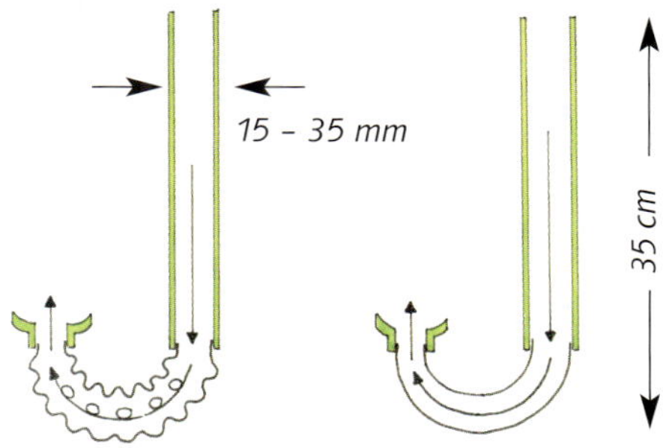

dem Barotrauma, kommen kann. Schnorchel mit einem zu großen Innendurchmesser weisen zu viel Totraumluft auf. Ausgeatmete, an Kohlendioxid reiche Luft bleibt als Restluft im Rohr stehen, die als Erstes wieder eingeatmet wird. Diese Luft führt im Laufe der Freitauchzeit zu einer Kohlendioxidübersättigung im Körper, die zur Bewusstlosigkeit führen kann. Außerdem muss ein solches mit Wasser voll stehendes Rohr mit erheblich mehr Kraftaufwand ausgeblasen werden als ein normaler Schnorchel. Viele schwören auf klassische Schnorchel der einfachsten Bauart, ohne jegliche Ventile (Einlass-/Auslassventile), die sich bestens bewährt haben. Eingedrungenes Wasser lässt sich aus Schnorcheln mit zu großer Krümmung oder aus Faltenschläuchen (siehe Abb.) aufgrund der bei verstärkter Atmung entstehenden Luftwirbel nicht vollständig entfernen. Folglich sind solche Schnorchel nicht gerade zu empfehlen.
Allerdings haben sich Ingenieure auch bei den Schnorcheln schon eine Reihe von Ventiltypen und Ausblashilfen einfallen lassen, die gerade dem Anfänger die Atmung durch den Schnorchel erleichtern.

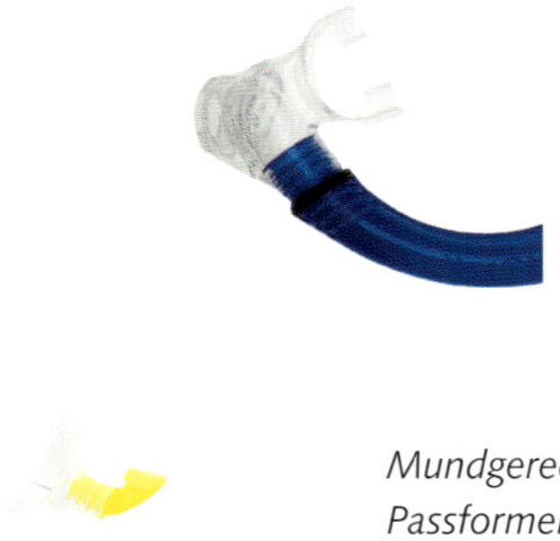

Mundgerechte Passformen.

Der wichtigste Teil des Schnorchels, das Mundstück, muss drehbar und im Mund ohne Kraftanstrengung durch einen leichten Biss auf die Haltewarzen und Lippenschluss um das Mundstück haltbar sein.
Ist der Schnorchel schwarz oder einfarbig, dann sollte das obere Ende mit einer orangen oder rotfarbenen Klebefolie versehen sein, damit Sie an der Wasseroberfläche für andere besser erkennbar sind.
Haben Sie noch nie Umgang mit einem Schnorchel gehabt, dann probieren Sie zu Hause vor dem Spiegel, wie sich der Schnorchel im Mund anfühlt und wie man mit ihm atmen kann. Nehmen Sie den Schnorchel in den Mund, beißen Sie auf die vorstehenden Beißwarzen und schieben Sie die Gummilippen zwischen die Zahnreihen und die Lippen. Wenn Sie jetzt in den Spiegel schauen, dann sehen Sie, dass die Lippen den Schnorchel fest umschließen. Atmen Sie nun ganz normal ein paarmal durch den Mund, und ziehen Sie dabei die Luft durch den Schnorchel in die Lungen. Sie sehen, es ist ganz einfach und das ungewohnte Gefühl entsteht lediglich durch die Umstellung, dass man hier – im Gegensatz zum Normalfall, wo die Atmung ganz automatisch erfolgt – gezielt in den Atemrhythmus eingreift und dadurch etwas verunsichert sein kann.

Der Einkaufstipp

Wegen Länge und Durchmesser nur Markenschnorchel wählen. Achten Sie auf ergonometrischen Sitz und hydrodynamische Form des Schnorchels. Einen Schnorchelhalter zur Reserve mitkaufen.
Keine Schnorchel mit Ballverschlüssen verwenden.
Der Schnorchel muss ein eigenständiger Ausrüstungsgegenstand sein und darf nicht in die Maske führen, da sonst kein Druckausgleich möglich ist.
Wenn Sie unter Allergien leiden, fragen Sie im Fachgeschäft nach antiallergischen Materialien.
Wenn Sie einen Schnorchel mit Ventil wählen, wenn möglich ein Ventilplättchen zur Reserve mit erwerben.

Tauchermaske

Wenn Sie flach auf dem Wasser liegen und Ihr Gesicht ins Wasser getaucht ist, werden Sie kaum etwas sehen können. Wasser hat einen anderen Brechungsindex als das Medium Luft, und dadurch sehen wir ohne entsprechendes Hilfsmittel unter Wasser alles verschwommen. Mit dem Hilfsmittel Maske wird den Augen das Gasgemisch Luft wieder vorgeschaltet und alles dahinter Befindliche kann wieder absolut klar gesehen werden.

clear

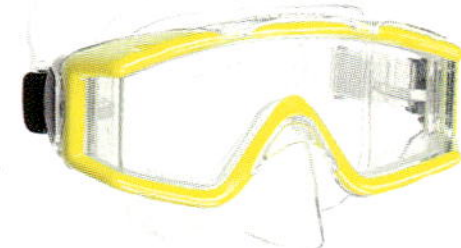

lime

schwarz

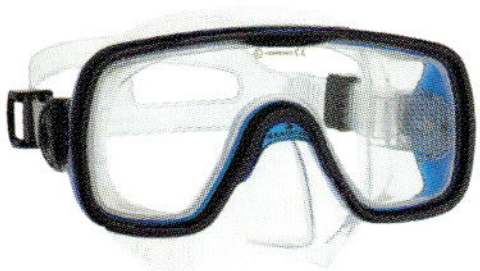

blau

blau/clear

Der Sporttaucher verwendet eine Halbgesichtsmaske aus bruchfestem Glas, die Stirn, Augen und Nase bei kleinem Innenvolumen mit einer Gummi- oder Silikonmanschette umschließt. Beim Maskenkauf sollten Sie auf folgende Eigenschaften achten:

- Die Glasscheibe muss auf jeden Fall aus bruchfestem Sicherheitsglas mit Prüfsiegel bestehen und nicht aus einem Kunststoffmaterial, welches leicht zerkratzt und zudem immer beschlägt.
- Die weiche Gummi- oder Silikonmanschette muss einen doppelten Dichtrand aufweisen und sollte trotz tadellosem Sitz weder an der Stirn noch an den Schläfen zu fest aufsitzen, um Druckstellen zu vermeiden. Das breite Halteband mit Teilung am Hinterkopf sollte verstell- und arretierbar sein.
- Der am Unterrand der Maske eingebaute Nasenerker muss leicht für Daumen und Zeigefinger erreichbar sein, um einen Druckausgleich im Mittelohr durch Zuhalten der Nase problemlos zu ermöglichen (siehe Seite 29).
- Ein geringes Maskenvolumen bei möglichst großem Sichtfeld hat den Vorteil eines größeren Sehradius, und beim Abtauchen wird die Maske durch den steigenden Wasserdruck nicht unangenehm ans Gesicht gepresst. Je größer das Maskenvolumen, desto eher besteht die Gefahr, dass die Maske wie eine Art Schröpfkopf wirkt und die empfindlichen Äderchen der Augen platzen.
- Nicht kaufen sollten Sie Masken mit eingebautem Schnorchel oder eingearbeiteten Ventilen, die zum einen den Totraum vergrößern und zum anderen den Druckausgleich verhindern (siehe auch Seite 29).

Ein Hinweis noch für all jene, die Brillen- oder Kontaktlinsenträger sind: Sie müssen von Anfang an ihre Fehlsichtigkeiten auch unter Wasser korrigieren. Der Markt bietet Tauchmasken mit eingeschliffenen, optischen Gläsern an, und Kontaktlinsenträger können ihre Kontaktlinsen ohne Bedenken unter einer normalen Maske tragen. Nichts verunsichert mehr, als wenn man in seinen Sehmöglichkeiten eingeschränkt ist. Ich bin davon überzeugt, dass viele, die vom Sporttauchen eigentlich begeistert wären, schon diese erste Hürde des richtigen Sehens nicht schaffen. Aus Angst, die Kontaktlinsen zu verlieren oder mangels einer Maske mit Korrekturgläsern von Anfang an, bleiben sie durch diese Fehlsichtigkeit verunsichert und können so niemals das Erlebnis unter Wasser richtig genießen.

Lassen Sie sich im nächsten Tauchsportfachgeschäft bzw. bei Ihrem Optiker oder Augenarzt beraten. Es gibt heute für nahezu alle Fehlsichtigkeiten auch preislich erträgliche Lösungen. Viele meiner Tauchkameraden tauchen wie ich selbst mit Kontaktlinsen. Wir schwören darauf,

Worauf Sie achten sollten:

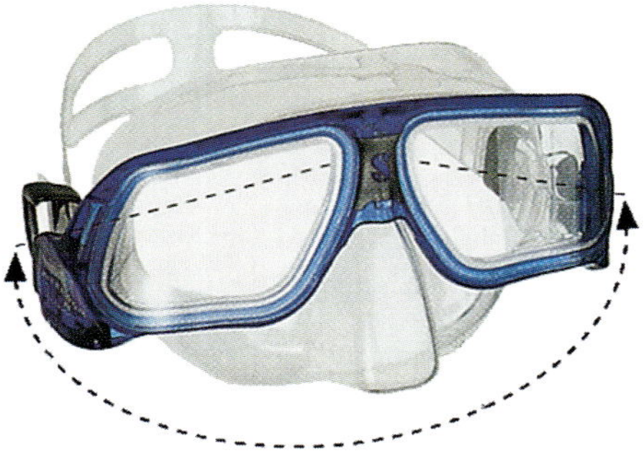

Blickwinkelweite und gut verstellbare Maskenbebänderung und perfekter Auflagedruck für perfekte Passform.

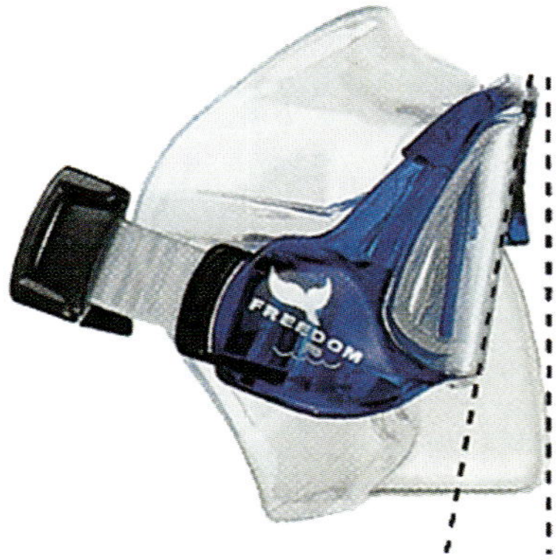

Wichtig: *Flach gearbeiteter, zentraler Mittelteil ohne optische Verzerrungen.*

Abgewinkelte Sichtscheiben folgen dem Gesichtsprofil. Das vermindert den Strömungswiderstand und das Innenvolumen.

Um 10° vergrößertes, vertikales, unter Wasser anpassbares Blickfeld nach unten.

weil man auch beim Ausstieg und an Bord noch »vollsichtig« ist. Kontaktlinsen scheinen heute die einfachste Möglichkeit auch unter Wasser Fehlsichtigkeiten zu korrigieren. Schwierigkeiten wurden mir bislang nicht bekannt.
Andere Taucher bevorzugen das Prinzip von Gasmaskenbrillen unter der Tauchermaske, die meisten aber sind in den letzten Jahren erst zu Taucherbrillen mit korrigierten Gläsern und dann zu Kontaktlinsen übergegangen. Hier lässt sich keine Norm vorschreiben, hier muss jeder ganz individuell für sich die richtige Lösungsmöglichkeit finden.

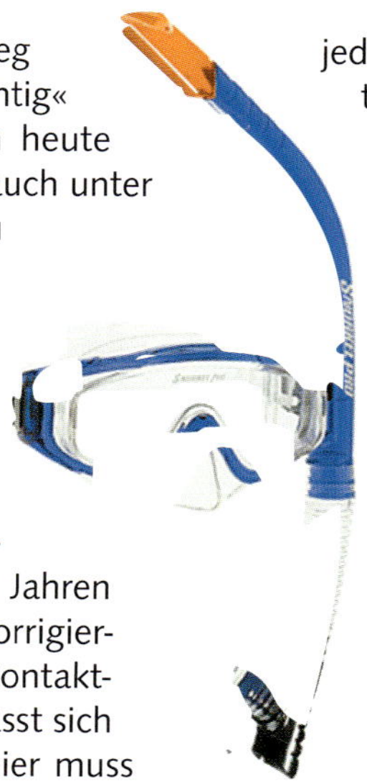

Ob Sie eine einglasige oder zweiglasige Maske bevorzugen ist von geringerer Bedeutung als der richtige Sitz und ein möglichst weites Sichtfeld.
Wenn Sie unter Wasser beobachten oder filmen und fotografieren wollen, sollten Sie sich für einen schwarzen, nicht reflektierenden Maskenrahmen entscheiden.
Wie bei allen Tauchausrüstungsgegenständen gibt es auch hier antiallergische Materialien.

Der Einkaufstipp

Machen Sie vor dem Kauf Ihrer Maske folgenden kleinen Test: Drücken Sie die Maske, ohne die Haltebänder über den Kopf zu ziehen, an Ihr Gesicht und atmen Sie leicht durch die Nase ein. Die Maske sollte nun durch den entstehenden leichten Unterdruck und somit durch ihre eigene Sogwirkung am Gesicht einige Zeit haften bleiben, vorausgesetzt, dass keine Luft durch eine undichte Stelle eindringen kann. Danach nehmen Sie die Maske wieder ab, indem Sie sie nach vorne wegziehen. Achten Sie darauf, dass bei diesem Test Ihr Gesicht fettfrei ist und keine Haare unter die Manschette geraten, sonst wird Ihnen die bestsitzende Maske herunterfallen.

Flossen

Jetzt fehlt Ihnen eigentlich nur noch ein Antriebssystem, mit dem Sie Ihre doch recht geringe Schwimmgeschwindigkeit verstärken können bzw. mit der Sie bei geringer Anstrengung eine Verbesserung des Antriebs erreichen und daneben Arme und Hände freihaben – die Flossen. Flossen werden heute aus Gummi oder Silikon oder einem entsprechenden Materialienmix in allen Farben und vielfältigsten Formendetails hergestellt. Wichtig für die Beurteilung einer Flosse sind Schlagkraft, die Effektivität und die Passform.

Je mehr Wasser bei einem Flossenschlag verdrängt wird, desto größer ist ihre Schlagkraft. Je mehr man von dieser Schlagkraft in die Fortbewegung umsetzen kann, desto höher ist die Effizienz der Flosse. Durch ihre hydrodynamischen Besonderheiten, ihre Größe und ihre Materialzusammensetzung beeinflusst die Flosse ihrerseits auch den Flossenschlag des Tauchers. Also müssen beide aufeinander abgestimmt sein, um die maximale Flossenleistung zu erzielen.

Die Härte und Länge des Flossenblattes müssen dem individuellen Leistungsvermögen angepasst sein. Zu weiche Flossen strengen die Beinmuskulatur zwar weniger an, mit ihnen erreichen Sie aber keinen wirkungsvollen Vortrieb. Harte und lange Flossen sind nur etwas für trainierte Schwimmer. Selbst dann können sie schnell zu einer Überbeanspruchung der Fußgelenke führen. Flossen mittlerer Härte mit seitlichen Führungsleisten sind also ideale Einsteigerflossen.

Einiges zur Form der Flossen: Sie werden

Twin Speed Flossen

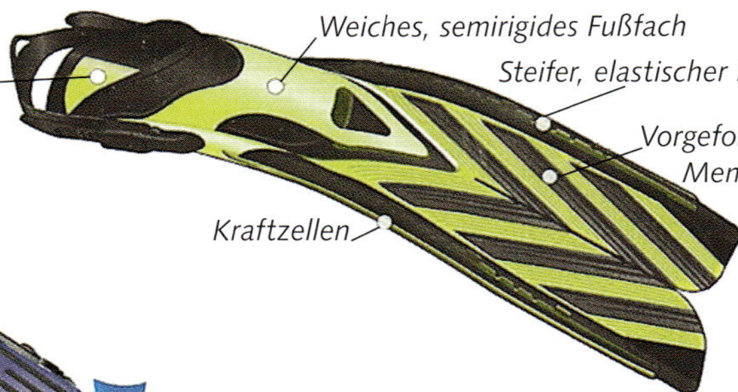

Twin Jet Flossen

Abwärtsschlag

Aufwärtsschlag

Die beiden gegeneinander rotierenden Flossenblatthälften lassen kaum Turbulenzen entstehen und produzieren dadurch einen deutlich höheren Vortrieb. Das Ergebnis: ca. 30% mehr Schlageffizienz.

Revolutionär in Design und Leistung
Gelenkschonend, Luft sparend und schnell.

Patentierter Drei-Komponentenmix

Steifes, aber elastisches Blattskelett
Der unterstützende Rahmen für alle anderen Komponenten.

Weiche, vorgeformte Membraneinsätze
Kanalisieren das Wasser effizient auf der Blattoberfläche und schaffen maximalen Vortrieb bei geringerem Kraftaufwand.

Mittelsteife Seitenrippen
Erhöhen die Elastizität und bringen das Flossenblatt zwischen den Schlägen schnell wieder in seine Ausgangsposition zurück.

Anatomisch geformtes, bequemes Fußteil mit geschlossenem Zehenbereich
Trägt zu einer optimalen Körperhaltung bei und gibt auch bei langen Tauchgängen hohen Tragekomfort.

Drehbare, leicht bedienbare Fersenbandschnallen
Schnelles und bequemes An- und Ablegen auch mit dicken Handschuhen

Silikonflossenband mit Loop
Auch mit dicken Handschuhen gut bedienbar.

Flossen mit offenem und geschlossenem Fersenteil finden. Da Anfänger und Freitaucher meist im Schwimmbad oder warmem Freiwasser tauchen, sind für sie Flossen mit geschlossenem Fersen- und offenem Zehenteil zu empfehlen. Diese Flossen sollten Sie vor dem Kauf anprobieren. Sie müssen gut sitzen, dürfen aber nicht zu eng sein, da durch eine eingeschränkte Blutzirkulation leicht Muskelkrämpfe in Beinen im Mittelfuß und/oder in den Zehen die Folge sein können. Ein Orientierungsmaß: Die Flossengrößenangabe entspricht etwa der normalen Schuhgröße.

Flossen mit offenem Fersenteil haben ein verstellbares Fersenband zur Befestigung. Somit sollten sie mit Neopren-Füßlingen getragen werden, die sowohl gegen Kälte als auch gegen Verletzungen und ein Aufscheuern durch das Fersenband schützen. Kaufen Sie Füßlinge mit einer griffigen und stabilen Laufsohle, die Sie beim Einstieg und Ausstieg auch wirklich vor Verletzungen schützen.

Die Flossenbänder müssen auch mit Handschuhen leicht einstellbar sein, ähnlich einer modernen Skibindung.

Für Flossen mit geschlossenem Fersenteil eignen sich nur weiche Füßlinge ohne festen Sohlenteil, außerdem müssen Sie bereits beim Anprobieren mit einplanen, ob Sie bei diesen Flossen überhaupt Füßlinge tragen wollen.

Materialmixflossen erlauben es den Herstellern heute weiche, gut sitzende Schuhteile, elastische aber formstabile Flossenrahmen mit entsprechenden Flossenblättern zu kombinieren.

Klappen, Durchflussöffnungen, Strömungsrillen, Energiespeicher- und Federeffekte lassen keinen Flossenwunsch offen.

Bedenken Sie aber, dass Sie erst nach einigen Bahnen, wenn Sie sich auf die Flosse eingestellt haben, eine richtige Aussage dazu machen können, ob die Flosse für Sie auch wirklich geeignet ist.

Der Einkaufstipp

Flossen müssen vor allem bequem am Fuß sitzen.

Flossen sollten sich nach oben und unten biegen, aber nicht seitlich verdrehen lassen.

Wer in heimischen Gewässern tauchen will, braucht auf alle Fälle Füßlinge und dazu offene Geräteflossen.

Füßlinge mit fester Laufsohle für Flossen mit Fersenband.

Pflege der Ausrüstung

Die Ausrüstung eines ABC-Tauchers ist zwar robust, trotzdem sollten Sie einige Pflegetipps beherzigen, wenn Ihre Ausrüstung länger als einen Sommer halten soll.

Setzen Sie die Ausrüstung so wenig wie möglich der prallen Sonne aus und spülen Sie nach einem Tauchgang im Meer oder im Schwimmbad immer das Salz- bzw. Chlorwasser mit Süßwasser ab. Vor längeren Lagerungen säubern Sie Ihre gesamte Ausrüstung mit einem milden Reinigungsmittel und lassen Sie sie trocknen. Ein Optimum an Pflege können Sie durch gelegentliches Pudern aller Gummiteile mit Talkumpulver erreichen oder verwenden Sie für die Gummipflege ein im Tauchsportfachgeschäft erhältliches Silikonspray. Lagern Sie Ihre Ausrüstung an einem kühlen, trockenen Ort, und achten Sie darauf, dass die Flossenblätter gerade aufliegen und somit nicht umgeknickt oder in der Form verzogen werden.

Schnäppchenjagd

Natürlich ist der Bereich des Tauchens nicht aus dem allgemeinen Wirtschaftsgeschehen auszuklammern. Jeder wird versuchen so günstig wie möglich an seine Materialien und Ausrüstungsgegenstände zu kommen. Sie sollten aber daran denken, dass Anzug, Flossen und Masken individuell passen müssen, dass gute Beratung und Ausbildung auch ihren Preis haben. Suchen Sie sich ein Tauchsportgeschäft, eine -schule oder einen -verein, in die Sie als Kunde oder Mitglied eingebunden sind. Denn wenn es um Sicherheit beim Tauchen geht, dann sollte diese nicht an der Schnäppchenjagd scheitern.

Verschiedene Schnorcheltypen (v.l.n.r.): Einfacher klassischer Typ, ergometrisch geformt, ohne und mit Ventil und klappbarer Reiseschnorchel.

Technik: Schwimmen mit Schnorchel, Maske und Flossen

Jetzt wird es Zeit, mit der ABC-Ausrüstung auch ins Wasser zu kommen. Erstes Hindernis wird wohl sein, dass Sie während des normalen Badebetriebs der Hallen- und Freibäder Ihre ABC-Ausrüstung nicht verwenden dürfen. Schon deshalb empfiehlt es sich, einen Tauchsportverein oder eine Tauchschule aufzusuchen, die die Bäder speziell gemietet oder zur Verfügung gestellt bekommen haben. Außerdem haben Sie hier meist die Möglichkeit verschiedene Ausrüstungskombinationen vor dem Kauf erst einmal ausprobieren zu können.

Beginnen Sie nicht in einem Bad, sondern in einem Freigewässer, so sollten Sie auf ruhiges, nicht zu tiefes Wasser ohne starken Seegang oder starke Strömung achten, sodass Sie mit Ihren ersten Übungen im stehtiefen Wasser beginnen können.

Egal, für welchen Weg Sie sich entscheiden, das erste kleine Problem ist sicher, mit Maske, Schnorchel und Flossen ins Wasser zu kommen. Dem Anfänger ist zu raten, falls er im Schwimmbad seine ersten »Tauchschritte« unternimmt, sich auf den Beckenrand zu setzen, Maske, Schnorchel und Flossen anzuziehen und sich vorsichtig ins Wasser gleiten zu lassen. Diese Methode ist zwar nicht sehr elegant, dafür aber ein sanfter Einstieg. Suchen Sie als Anfänger die Nichtschwimmerbereiche oder Flachwasserzonen für Ihre ersten Schnorchelübungen auf. Damit auch wirklich alles von Anfang an funktioniert, geben wir Ihnen gleich einige Tipps zum Anlegen der ABC-Ausrüstung. Da Sie für die ersten Übungen nur Maske und Schnorchel benötigen, können Sie die Flossen erst einmal am Rand liegen lassen.

Anlegen der Ausrüstung

Vor jedem Schnorcheln oder Tauchgang sollten Sie darauf achten, dass Gesicht und Hände weitgehend fettfrei – also ohne Sonnenschutzmittel oder Creme – sind, denn Fette und Öle verhindern das Dichtsein der Maske. Um das spätere Beschlagen der Maske zu unterbinden, spucken Sie kurz vor dem Aufsetzen kräftig in die trockene Maske und verteilen mit den Fingern den Speichel gründlich über das ganze Sicherheitsglas. Anschließend spülen Sie die Maske nass aus, der so verbleibende Film verhindert das Beschlagen der Scheibe. Ein Tropfen Spülmittel, Shampoo oder ein Antibeschlagmittel haben die gleiche Wirkung, aber bitte nicht im See oder Schwimmbecken ausspülen.

Setzen Sie nun die Maske auf, indem Sie diese auf das vorher gut angefeuchtete Gesicht legen. Achten Sie darauf, dass die Randlamellen gut abschließen und dass keine Haare zwischen Haut und Lamellen kommen. Dies ist wichtig, denn in die Maske hineinreichende Haare (Barthaare haben einen ähnlichen Effekt) können leicht undichte Stellen verursachen, und Ihre Maske läuft voll Wasser. Streifen Sie nun das Maskenband über die Haare nach hinten, sodass Sie einen deutlichen Sitz verspüren, ohne dass sich das Maskenband unangenehm eng spannend um den Kopf legt.

Nun können Sie den ersten Blick unter Wasser werfen. Halten Sie einfach kurz die Luft an, legen Sie Ihr Gesicht auf die Wasseroberfläche und schauen Sie unter den Wasserspiegel. Wenn das Wasser flach genug ist, dann können Sie sich ruhig einmal auf den Boden setzen. Sie sollten jetzt spielerisch den Umgang mit der Maske lernen und sich an das bisher ungewohnte Gefühl, im Blickfeld etwas eingeengt zu sein, gewöhnen. Wiederholen Sie ein paar Atemanhalteübungen, prüfen Sie, ob die Maske sitzt, drehen, wenden Sie sich, je nachdem, wie geschickt Sie als Schwimmer sind. Fühlen Sie sich einfach wohl im Wasser. Probieren Sie ebenfalls einmal, ob Ihnen jetzt hier an der Wasseroberfläche der Druckausgleich (siehe Seite 29) schon in der Praxis gelingt. Umschließen Sie ihre Nase fest mit Daumen und Zeigefinger, der Mund bleibt verschlossen, und pressen Sie nun leicht, ohne Mühe und Anstrengung, Luft in Ihre Nase. Sie müssten jetzt ein leichtes Knacken im Ohr verspüren und sind so sicher, dass Ihre Ohrengänge, die Eustachische Röhre und die Nase frei für den Druckausgleich sind.

Nehmen Sie nun Ihren Schnorchel hinzu. Es gibt zwei verschiedene Methoden, ihn zu befestigen. Manche Taucher schieben den Schnorchel mit der oberen Öffnung einfach unter dem Maskenband durch, wo er dann relativ fest sitzt, andere wiederum benutzen eine Extraschlaufe, mit der sie den Schnorchel am Maskenrand befestigen. Für das ABC-Tauchen gibt es übrigens keine feste Vorschrift, ob Sie den Schnorchel rechts oder links tragen sollen. Hier spielt es eher eine Rolle, ob Sie Rechts- oder Linkshänder sind. Sie haben ja, wie bereits bei den Kauftipps angesprochen, einen Schnorchel gekauft, bei dem sich das Mundstück um das Schnorchelrohr drehen lässt, sodass Sie den Schnorchel Ihren Bedürfnissen und

Sorgen Sie für einen guten Halt des Schnorchels, z.B. mit einem Quick Clip-Schnorchelhalter.

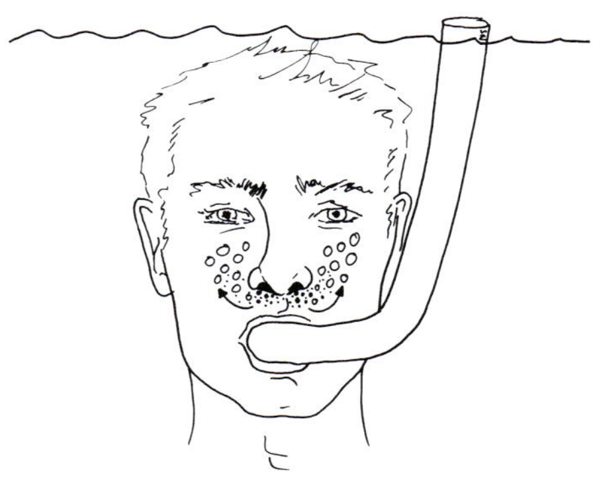

Der Taucher beherrscht den Wasser-Nase-Reflex, wenn er kontinuierlich aus der Nase ausatmen kann.

Ihrem Wohlbefinden entsprechend einsetzen können.
Auch hier haben Sie die Möglichkeit, sich hinzuknien oder am Beckenrand festzuhalten, den Kopf ins Wasser zu tauchen und durch den Schnorchel ein- und auszuatmen. Sie brauchen dabei nur ganz wenig mit dem Kopf ins Wasser, sodass lediglich Mund und Maskenfeld ins Wasser reichen. Atmen Sie dabei ruhig und zügig durch, und gewöhnen Sie sich ohne Hast und Eile an die neue Situation. Sie werden bemerken, dass Maske und Schnorchel keine Einengung darstellen, sondern wichtige Hilfen zum Sehen und Atmen im Wasser sind. Wenn Sie allerdings noch etwas misstrauisch sind, dann testen Sie Ihre Gerätschaften vorher noch einmal einzeln durch. Nehmen Sie am Beckenrand sitzend den Schnorchel in den Mund, tauchen Sie das offene Schnorchelende ins Wasser und blasen und blubbern Sie kräftig die Luft daraus hervor.
Nun zum nächsten Schritt: Lassen Sie sich langsam ins Wasser gleiten, knien Sie sich hin, und halten Sie sich am Beckenrand fest, sodass Sie gerade mit dem Schnorchel im Mund unter Wasser kommen. Fassen Sie nun mit der anderen Hand das freie Schnorchelende, um sich zu vergewissern, dass es aus dem Wasser ragt, und atmen Sie langsam und ruhig durch den Schnorchel. Nehmen Sie sich dafür Zeit; gewöhnen Sie sich an den Schnorchel im Mund und erlernen Sie schon von Anfang an einen bewussten Atemrhythmus, welcher später auch beim Gerätetauchen beibehalten wird.
Lassen Sie als nächste Übung den Schnorchel bewusst voll Wasser laufen, und blasen Sie ihn schnell und kräftig wieder aus. Sie werden merken, dass Sie hier einen gewissen Pressdruck durch Ihr Ausblasen erzeugen müssen, damit das gesamte Wasser aus dem Schnorchel herausgestoßen wird. Also gerade so, wie ein Wal sein Atemloch freibläst. Das nächste Einatmen sollte vorsichtig und langsam erfolgen, um keine Wassertröpfchen in die Luftröhre zu bekommen. Mit dem zweiten Ausatmen blasen Sie den Schnorchel vollständig leer und können nun wieder Ihren normalen Atemrhythmus aufnehmen. Mit der Gewöhnung an die Schnorchelatmung trainieren Sie gleichzeitig einen wichtigen Reflex (Wasser-Nasen-Reflex): Bei eingedrungenem Wasser wird die Atmung abrupt abgebrochen, das Wasser kann somit nicht in die Lunge geraten. Wiederholen Sie diese Übung mehrmals. Wenn Sie inzwischen Maske und Schnorchel kombinieren können und das Ausatmen des Schnorchels beherrschen, dann können Sie als Nächstes die Flossen anziehen und mit den ersten Flossenschwimmübungen beginnen. Beim Anziehen der Flossen sollten Sie, wenn Sie noch außerhalb des Wassers sind, darauf achten, dass Ihre Füße und die Flossen nass sind, da Sie die Flossen dann wesentlich leichter über den Fuß streifen können. Am Strand oder im flachen Uferbereich eines Sees ziehen Sie Ihre Flossen erst im hüfttiefen Wasser an. Generell sollen Sie mit den Flossen nicht an Land laufen, und wenn es wirklich einmal erforderlich sein sollte, dann am besten rückwärts, das spart Kraft, schont das Flossenblatt und Sie ersparen sich unnötiges Stolpern.

Technik des Flossenschwimmens

Sind Sie noch nie mit Flossen geschwommen, dann sollten Sie als Erstes am Beckenrand sitzend mit ausgestreckten Beinen und nach vorne gedrückter Flos-

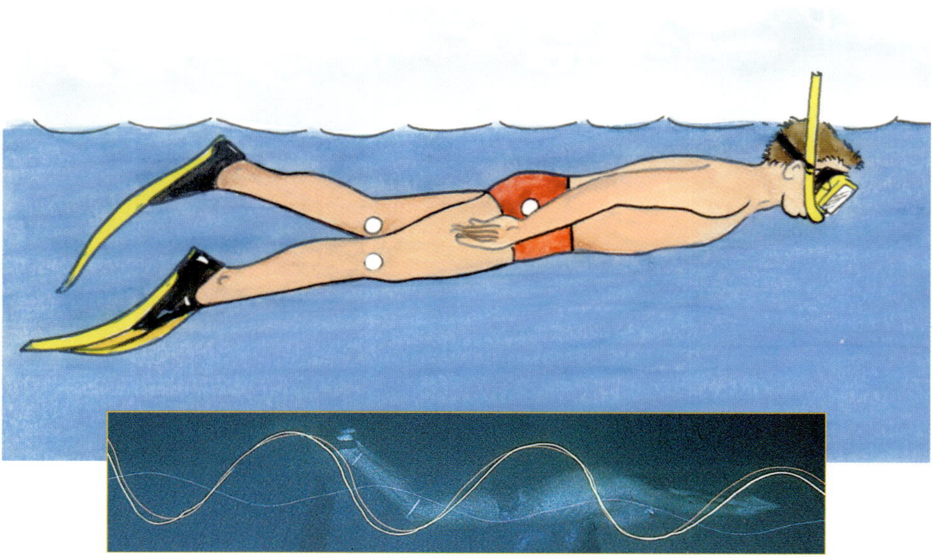

Beim Flossenschwimmen sollten die Flossen immer unter Wasser bleiben. Ziel ist ein flüssiger Bewegungsablauf, wie er hier wissenschaftlich mit der Monoflosse gezeigt wird. Beim normalen Flossenschwimmen sollte für jedes Bein eine solche Kurve messbar sein.

senspitze einfach im Wasser plantschen. Sie werden feststellen, dass das Wasser Ihren Flossen Widerstand bietet. Diesen Widerstand werden Sie später nützen, um Vortrieb zu erzeugen und schneller im Wasser voranzukommen.
Ein paar Worte zum Sich-Fortbewegen leichte Ausführung Ihrer Bewegungen. Passen Sie Ihre Bewegungsabläufe immer dem Wasser an und finden Sie trotzdem genügend Widerstand, um kräftesparend und ökonomisch mit den Flossen vorwärts zu schwimmen.
Wie beim normalen Schwimmen können

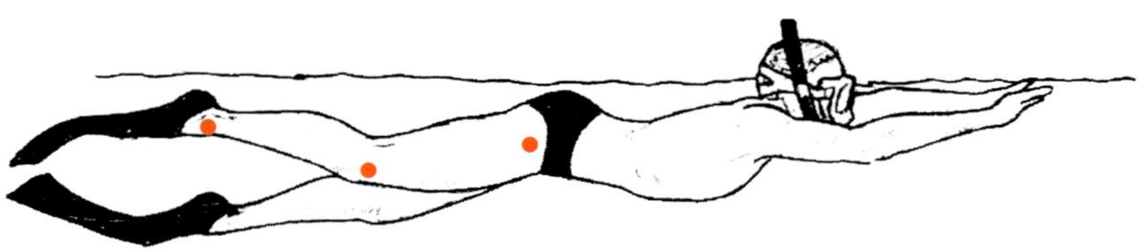

Normale Schnorchellage mit Kraulbeinschlag.

im Wasser. Das Wichtigste für jeden Schwimmer, aber auch für jeden ABC-Taucher ist, sich dem Medium Wasser anzupassen. Achten Sie bei allen nachstehenden Übungen auf eine lockere und Sie beim Flossenschwimmen alle Lagen einnehmen: Seitenlage, Rückenlage oder Bauchlage. Sie werden schnell bemerken, dass die Beinbewegung der Kraul- oder Delfintechnik den besten Vortrieb ermög-

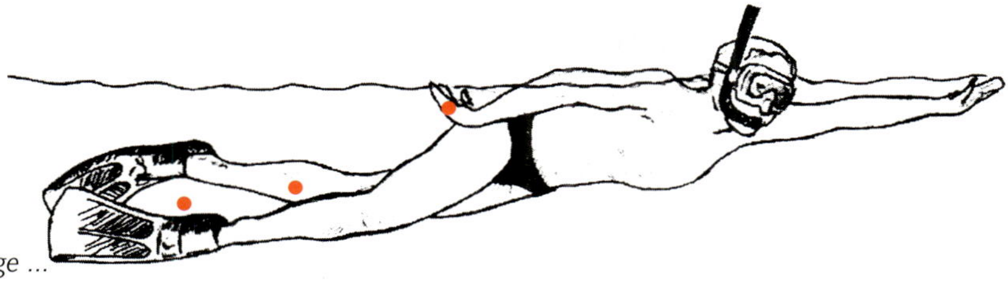

Seitenlage ...

licht. Mit dem herkömmlichen Brustschwimmen werden Sie sich beim Einsatz von Flossen allerdings eher behindern als Ihren Bewegungsablauf begünstigen. Die wichtigste Fortbewegungsart beim Flossenschwimmen ist somit für den Anfän-

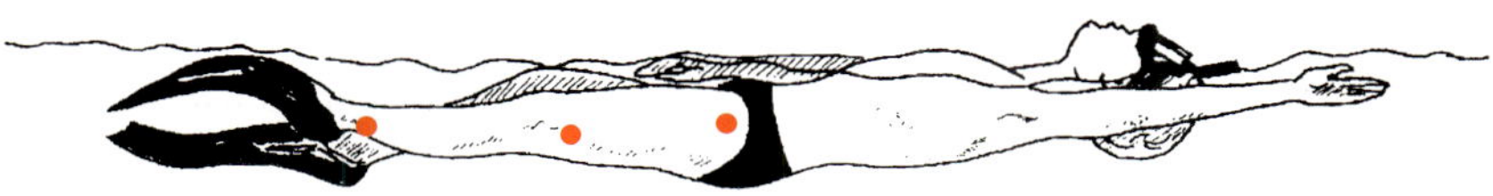

Rückenlage ...

ger sicher der Kraulbeinschlag. Legen Sie sich dazu in Bauchlage flach ins Wasser, strecken Sie zur Stabilisierung die Hände nach vorne oder legen Sie die Arme locker neben den Körper und lassen Sie sich so mit ausgestreckten Beinen an der

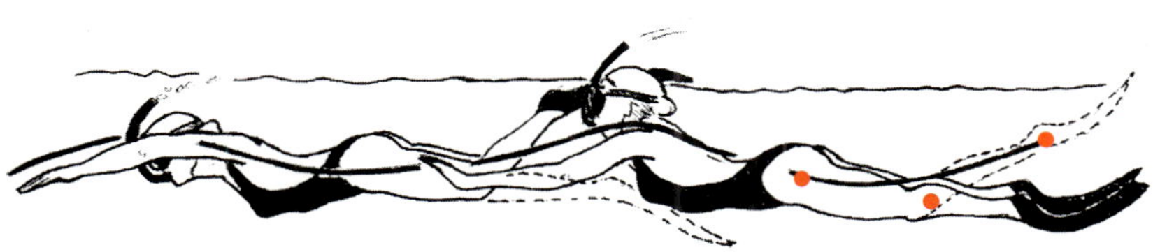

Delfinschwimmen, üben Sie jede Schwimmlage zu beherrschen.

Wasseroberfläche treiben. Ihre Kopfhaltung ist dann richtig, wenn der Oberrand Ihrer Maske mit der Wasseroberfläche abschließt. Dank der Schnorchelatmung entfällt das mühsame Herausheben des Kopfes aus dem Wasser, und Sie können sich nun ganz auf den Flossenbeinschlag konzentrieren.

Der Wechsel-Flossenbeinschlag erhält seinen Hauptimpuls aus der Hüfte, wobei die Kniegelenke nur beim Abwärtsschlag leicht gewinkelt werden (Siehe Abb. S. 26 oben). Beginnen Sie nun, den Oberschenkel eines Beines leicht nach unten zu drücken, winkeln Sie dabei das Bein im Kniegelenk nur minimal an. Sie werden bei diesem Abwärtsschlag einen entsprechenden Wasserwiderstand mit der Flosse verspüren. Hier nun sollte genau das einsetzen, was man angepasst an das Wasser schwimmen nennt: Mit Beginn des Aufwärtsschlages sollte das zweite

Bein die Bewegung des ersten wiederholen. Mit diesen locker und ohne großen Kraftaufwand durchgeführten Auf- und Abwärtsbewegungen haben Sie schon den Grundbeinschlag für das ABC-Tauchen erlernt.

Die Präzision der Ausführung eines ruhigen und lang gezogenen Schlages bedarf sicherlich einer längeren Übung. Vermeiden Sie von vornherein Fehler, um die höchstmögliche Energieausnützung bei diesem Flossenschlag zu erhalten. Aus dieser Überlegung heraus muss also

- der gesamte Flossenschlag unter Wasser erfolgen, da jedes Durchbrechen der Wasseroberfläche Energieverlust bedeutet
- das Bein locker gestreckt sein und die Flossenschwimmbewegung, die Impulsgebung, aus der Hüfte heraus erfolgen, da ein »Radfahren« mit Ober- und Unterschenkel keinen Vortrieb erzeugt
- ein zu starkes Hohlkreuz vermieden werden, da dies eine zu starke Abwinkelung der Oberschenkel erzwingt und damit erheblich bremsend wirkt.

Seitliche Richtungsänderungen erreichen Sie durch eine entsprechende Neigung von Schulter und Oberkörper nach rechts oder links. Wird das Kinn angezogen und entsteht ein leichter Rundrücken, gelangen Sie in eine tiefere Tauchregion – nehmen Sie den Kopf in den Nacken, tauchen Sie wieder zur Wasseroberfläche auf. Scheuen Sie sich nicht davor, einen anderen Tauchkameraden oder den Tauchlehrer zu fragen und zu bitten, Ihren Bewegungsablauf zu korrigieren. Viel mehr kann Ihnen zum Flossenschwimmen im Moment nicht gesagt werden. Jetzt heißt es, üben, üben und nochmals üben. Verbessern Sie Ihre Technik, Ihre Atemtechnik, Ihren Bewegungsablauf, Ihren Rhythmus, Ihr Gefühl für das Wasser und für Ihre Lage im Wasser. Variieren Sie Ihr Training. Sie können praktisch in allen Schwimmlagen den oben beschriebenen Beinschlag üben und optimieren. Schnorcheln Sie mit der gesamten Ausrüstung einige Bahnen oder Meter an der Wasseroberfläche. Steigern Sie die Schwimmstrecke langsam, bis Sie ohne größere Ermüdung etwa 500 m mit dem Flossenbeinschlag zurücklegen können. Spielen Sie einfach Delfin.

Einstieg ins Wasser

Wenn Sie das alles beherrschen, gehen Sie daran, einen eleganteren, professionelleren Einstieg als den, den Sie ganz am Anfang gemacht haben, zu üben. Schließlich wollen Sie ja zum Schluss zum Gerätetaucher werden und alle ABC-Tauch-

Wichtig: immer Maske und Ausrüstung sichern. Das gilt für das Abrollen vom Schlauchboot ebenso wie beim Schritt nach vorne.

Damit Sie eine Vorstellung haben, wie Ihr Einstieg später mit dem Gerät aussehen soll.

übungen sollen diesem Ziel dienen. Dazu sollte das Wasser allerdings eine Mindesttiefe von 1,5 bis 2 m sowie eine klare, deutliche Sicht bis auf den Grund haben. So können Sie sicher sein, dass Sie sich nicht an Unterwasserhindernissen verletzen und dass sich niemand unter oder hinter Ihnen befindet.

Es gibt zwei Möglichkeiten für diesen Einstieg: Sie stehen am Beckenrand, machen einen großen Schritt nach vorne und tauchen sozusagen aufrecht stehend in das Wasser ein. Halten Sie dabei die Brille mit einer Hand fest, und achten Sie darauf, dass Sie beim Blick nach unten nicht mit der Maskenscheibe parallel auf das Wasser auftreffen. Diese Methode des Einstiegs wird heute von den meisten Sporttauchern gewählt. Sie können aber auch die zweite Möglichkeit wählen und sich am Beckenrand sitzend nach rückwärts ins Wasser fallen lassen. Überzeugen Sie sich auch hier immer davon, dass niemand hinter Ihnen ist und dass genügende Wasser- und Sichttiefe herrschen.

Druckausgleich

Viele von Ihnen kennen sicherlich das unangenehme Druckgefühl im Ohr bei der Überquerung von Passstraßen im Gebirge oder bei Start und Landung mit dem Flugzeug. Die Ohren, genauer gesagt die Trommelfelle, sind die einzigen Organe, die uns Druckunterschiede, ob in der Atmosphäre oder unter Wasser, bewusst werden lassen. Der menschliche Organismus ist grundsätzlich für die ihn umgebenden normalen Druckverhältnisse von 1 bar perfekt ausgerüstet. Tauchen und Fliegen sind hinsichtlich auftretender Druckänderungen zwar ähnlich, jedoch sind die Dimensionen der Druckänderungen völlig verschieden.

Das Trommelfell, eine elastische Membran, grenzt den äußeren Gehörgang vom Mittelohr mit seinen Gehörknöchelchen Hammer, Amboss und Steigbügel ab. Über die Eustachische Röhre besteht eine sich regelmäßig öffnende Verbindung zum Nasen-Rachen-Raum. Sie reguliert den Luftdruck in der Paukenhöhle und schafft hier die gleichen Druckverhältnisse wie im oberen Nasen-Rachen-Raum. Unter normalen Druckverhältnissen befindet sich das Trommelfell im Gleichgewicht, das heißt, am Trommelfell herrschen außen wie innen die gleichen Druckverhältnisse. Unmittelbar nach dem Abtauchen kommt es durch den ständig steigenden Wasserdruck zu einer stetigen Druckerhöhung an der äußeren Seite des Trommelfells. Dadurch wölbt sich das Trommelfell leicht nach innen, drückt auf die Gehörknöchelchen, und es kommt

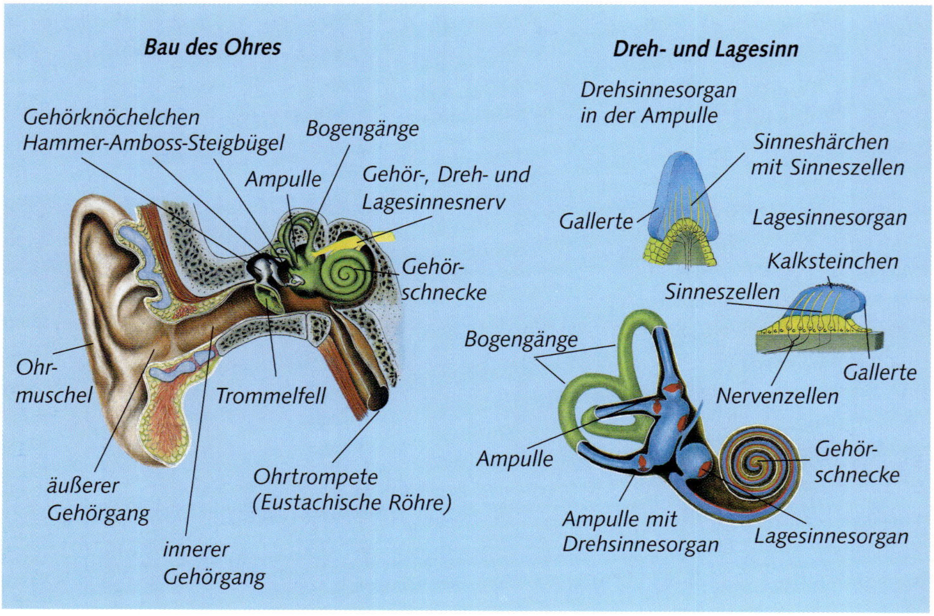

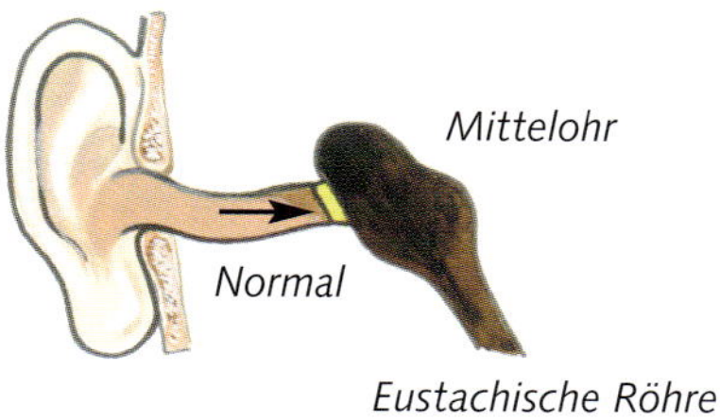

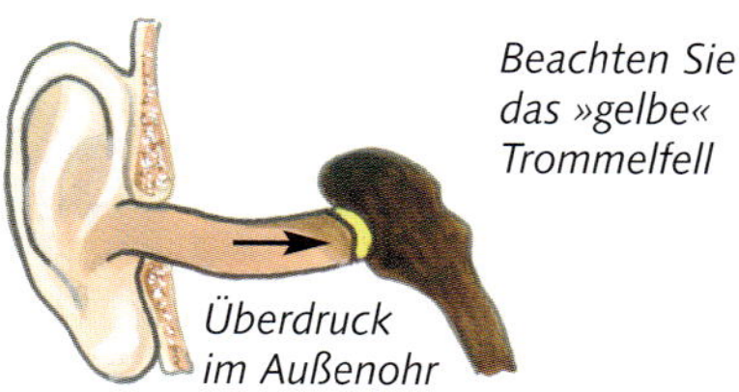

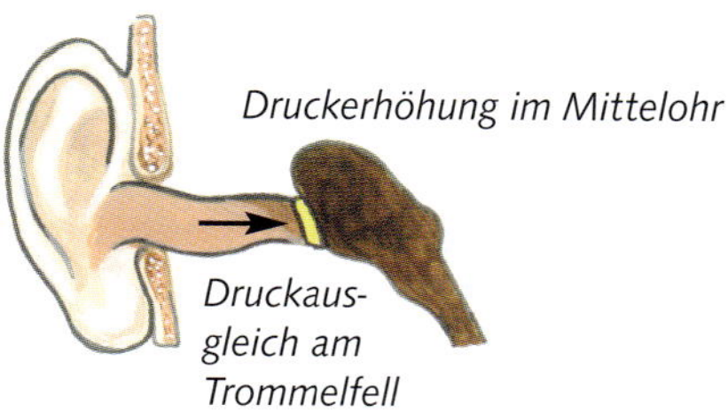

zu Schmerzen. Diese entstehen schon in geringen Tauchtiefen von etwa 2 m (= ca. 0,2 bar), und ab 5 bis 6 m Tiefe kann die Druckdifferenz so stark werden, dass die Elastizitätsgrenze des Trommelfells überschritten wird und es reißt. Der anfängliche, stechende Schmerz lässt nun schlagartig nach, denn durch das ins Mittelohr eindringende Wasser wird das Druckgleichgewicht zwischen beiden Seiten des Trommelfells wieder hergestellt. Dieses eindringende, kalte Wasser stört das im Ohr befindliche Gleichgewichtsorgan empfindlich in seiner Funktion. Neben Übelkeit und Brechreiz verliert der Taucher sein Orientierungsvermögen und kann speziell im trüben Wasser keine klare Unterscheidung mehr zwischen oben und unten treffen. Einzige sichere Hilfe ist hier die Beobachtung der ausgeatmeten Luftblasen, die, da Luft spezifisch leichter als Wasser ist, zur Wasseroberfläche aufsteigen.

Um einer Trommelfellschädigung vorzubeugen, muss sich der Taucher bemühen, die Druckverhältnisse an seinem Trommelfell im Gleichgewicht zu halten bzw. dem ansteigenden Wasserdruck anzugleichen. Da die Eustachische Röhre mit Schleimhäuten ausgekleidet ist, welche nicht zwangsläufig eine Durchlässigkeit zum Mittelohr gewährleisten, bedarf es einer aktiven Muskeltätigkeit, diese zu öffnen (siehe oben). Diesen Druckausgleich erreichen Sie eventuell schon durch eine Gähn-, Kau- oder Schluckbewegung, um so Luft über die Eustachische Röhre (siehe oben) ins Mittelohr strömen zu lassen und damit ein Druckgleichgewicht zu erhalten. Dies gelingt allerdings meist nur erfahrenen Tauchern; Sie müssen dagegen Ihren Ohren behilflich sein und den Druckausgleich aktiv herstellen:

Nur eine Maske mit Nasenerker erlaubt einen leichten Druckausgleich.

Nehmen Sie die Nase zwischen Daumen und Zeigefinger, verschließen Sie durch leichtes Zusammenpressen die Nasenlöcher, schließen Sie den Mund und schnauben Sie jetzt ein klein wenig in die Nase. Der so von Ihnen innen erzeugte Überdruck bahnt sich seinen Weg durch die Eustachische Röhre an die Innenseite des Trommelfells und wölbt es in seine Ausgangslage zurück. Gleichzeitig stellen wir so auch einen Druckausgleich in unserer Kieferhöhle sowie Stirnhöhle mit ihren Nebenhöhlen her. Ein leichtes Knacken in Ihren Ohren bestätigt den gelungenen Druckausgleich.

In der Praxis sollten Sie mit dem Druckausgleich schon an der Wasseroberfläche beginnen. Greifen Sie beim Abtauchen zum Nasenerker Ihrer Maske und wiederholen Sie die oben beschriebene Übung. Schnauben Sie stets von Ihrem Luftvorrat in die Nase, und schaffen Sie so einen inneren Druckausgleich über die Eustachische Röhre, sodass der Luftdruck im Körperinneren nun wieder gleich dem Wasserdruck des Sie umgebenden Wassers ist. Machen Sie dies automatisch beim Abtauchen in kurzen Abständen, sodass Sie nie Ihr Trommelfell belasten oder gar Schmerzen verspüren.

Führen Sie den Druckausgleich nie mit Gewalt herbei! Bei Schwierigkeiten sofort auftauchen. Die Schleimhäute der Eustachischen Röhre könnten durch eine Erkältung so angeschwollen sein, dass es zu einem Verschluss der Röhre gekommen ist und eine Anpassung an den Wasserdruck somit technisch unmöglich wird. In solchen Fällen muss auf das Abtauchen oder einen Tauchgang verzichtet werden. Beim Auftauchen sind die Druckverhältnisse genau umgekehrt, und die Luft kann aus dem gesunden Mittelohr von selbst entweichen.

Abtauchen

Ziel des Abtauchens ist es, aus dem Schwimmen heraus oder aus der Bauchlage an der Wasseroberfläche elegant und mühelos ohne großen Kraftaufwand abzutauchen. Als Anfänger sollten Sie sich einfach im flachen Wasser hinsetzen, nach und nach ganz eintauchen und sich so an die Wassersituation gewöhnen. In tieferem Wasser, etwa 3 m bis 5 m Tauchtiefe, reicht es anfangs auch, wenn Sie sich nur kurz absacken lassen. Drücken Sie sich durch kurze Kraulbeinschläge im Wasser stehend leicht nach oben, und lassen Sie sich dann unter Ausatmen der Luft in das Wasser einsinken.

Doch Achtung: Denken Sie daran, dass Sie als Anfänger eventuell nicht mehr genügend Luft haben, um den Schnorchel auszublasen. Nehmen Sie ihn unter diesen Umständen lieber aus dem Mund, und gewöhnen Sie sich zunächst an die Situation unter Wasser. Sie werden bemerken, dass das Wasser Sie, durch den Auftrieb bedingt, wieder nach oben befördert. So wie Sie an der Wasseroberfläche liegend sicherlich schon feststellen konnten, dass Sie aufgrund Ihres spezifischen Körpergewichts vom Wasser problemlos getragen werden.

Beim Abtauchen macht gerade der Anfänger die meisten Fehler. Er verliert unnötig Kraft und Energie, steckt eben den Kopf ins Wasser und hat doch das Gefühl, schon die gesamte Atemluft verbraucht zu haben. Atmen Sie ruhig und entspannt durch, füllen Sie Ihre Lungen »nur« mit ca. 80 Prozent Ihrer Gesamtkapazität. Stellen Sie sich vor, dass ein mit Luft gefüllter, großer Ball schwerer unter Wasser zu drücken ist als ein kleinerer, und damit gilt auch für Sie, dass Sie mit prall gefüllten Lungen weitaus mehr Auftrieb überwinden müssen. Es ist auch vollkommen unnötig, lange vorher kräftig und tief durchzuatmen, da Sie sich hier sonst durch Hyperventilation, einer übermäßigen Steigerung der Atemtätigkeit, leicht an den Rand der Bewusstlosigkeit bringen (siehe Seite 46). Atmen Sie also ruhig und entspannt und blähen Sie die Lungen nicht unnötig auf.

Kommen wir nun zum eigentlichen technischen Vorgang des Abtauchens. Am einfachsten wird Ihnen dies aus der normalen Schwimmlage, also bäuchlings und parallel zur Wasseroberfläche, gelingen. Es hat sich für den Anfänger als günstig gezeigt, die Arme in Vorhalte zu haben, um so die Körperlage zu stabilisieren. Sie können aber auch die Arme angelegt am Körper lassen. Wenn Sie sich durch leichten Beinschlag stabilisieren, erreichen Sie hier ebenfalls die Ausgangssituation für das Abtauchen. Für beide Grundhaltungen gilt es, die Wasseroberfläche zu durchbrechen und senkrecht nach unten abzutauchen.

Haben Sie die Arme in Vorhalte, erreichen Sie dies am besten, indem Sie sich mit einem Brustarmzug und gleichzeitig einknickender Hüfte ins tiefere Wasser ziehen. Ihr dabei leicht auf die Brust gezogener Kopf liegt zwischen den Armen. In direktem Anschluss an die Hüftknickbewegung strecken Sie die Beine senkrecht nach oben. Das jetzt geringere Volumen im Wasser bei gleich bleibendem Gewicht erwirkt eine plötzliche Abnahme des Auftriebs, und Sie tauchen mühelos, vom Gewicht der eigenen Beine gedrückt schnell ins tiefere Wasser ab.

Schon während der ersten Eintauchmeter führen Sie mit einer Hand den erforderlichen Druckausgleich durch (siehe Seite 29). Erst wenn auch die Flossen ganz unter Wasser sind, beginnen Sie mit dem Beinschlag.

Ruhig atmen, nicht hyperventilieren!
Das Gewicht der Beine über Wasser drückt den Körper nach unten
In der Hüfte abknicken...
...aber nicht nach rückwärts überschlagen!
Flossenschlag erst unter Wasser beginnen
Druckausgleich nicht vergessen
Achtung! Bei zu viel Schwung kippt man über!

Ebenso verfahren Sie, wenn Sie aus der Grundhaltung mit angelegten Armen abtauchen. Hier ziehen Sie die Arme nach unten, winkeln ebenfalls in der Hüfte ab, gerade so, wie wenn Sie nach dem Grund greifen wollten. In diesen Bewegungsfluss hinein strecken Sie die Beine nach oben und lassen sich wie in der vorher beschriebenen Weise von Ihrem eigenen Körpergewicht unter Wasser drücken. Mit den Armen können Sie nach dem Eintauchen den Abtauchvorgang in größere Tiefen wieder durch einen Brustarmzug unterstützen. Führen Sie auch hier bereits kurz nach dem Abtauchen den Druckausgleich durch.

Entscheidend ist für diese Übungen immer, dass Sie nicht schräg, sondern senkrecht nach unten abtauchen. In dem Moment, in dem Sie versuchen, nach unten zu schwimmen und sich nicht durch die Dynamik der Abtauchbewegung und Ihr Körpergewicht nach unten drücken lassen, verlieren Sie wertvolle Kraft und bremsen durch jede zusätzliche Bewegung Ihren Abtauchvorgang. Selbstverständlich sollten Sie erst dann, wenn der gesamte Körper im Wasser ist, den Bewegungsablauf nach unten durch einen leichten Kraulbeinschlag unterstützen.

Sie werden anfangs sicherlich einige Schwierigkeiten bei diesem Abtauchen haben. Der wesentliche Fehler ist also immer schräges Abtauchen, egal ob man in die Schräglage durch unvollständiges Abknicken in der Hüfte kommt, oder weil man zu viel Schwung genommen hat und sich beim Abtauchen fast überschlägt. Ein anderer, gleichfalls sehr häufig zu beobachtender Fehler ist der zu frühe Flossenschlag, sodass das sanfte, stille Abtauchen zu einem großen Plantschen an der Wasseroberfläche wird. Dieses Spektakel würde alle Fische in die Flucht schlagen.

Im Hallenbad lässt sich das elegante, geräuschlose Abtauchen am leichtesten erlernen und kontrollieren, wenn Sie (nach den ersten Grundübungen) nahe an der Beckenwand senkrecht nach unten tauchen. Hier bekommen Sie ein Gefühl für das senkrechte Abwinkeln und das gleichzeitige Hochschnellen der Beine, sodass Sie, wie vorher beschrieben, durch Ihr eigenes Gewicht und durch den Bewegungsfluss nach unten gedrückt werden.

Zwei wichtige Dinge sollen im Zusammenhang mit dem Abtauchen noch kurz angesprochen werden: Verwenden Sie niemals Ohrenstöpsel, Watte oder so genannte Nasenklemmen zum Tauchen. Sie verhindern den erforderlichen Druckausgleich im Ohr und in der Maske. Durch derartige Instrumente gefährden Sie sich in höchstem Maße. Während der Abtauch- und Auftauchvorgänge müssen Sie immer dafür Sorge tragen, dass niemals ein verstärktes Druckgefühl auf das Gesicht, in den Ohren auf die Trommelfelle oder im Lungenbereich auftreten kann.

Den Druckausgleich für die Ohren haben Sie bereits mehrfach geübt. Den Druckausgleich in der Maske schaffen Sie dadurch, dass Sie von Ihrem Luftvolumen, das Sie in den Lungen mit unter Wasser nehmen, einen kleinen Teil durch die Nase sanft in die Maske pressen und so dem Außendruck individuell und vom Beginn des Abtauchens an einen Gegendruck bieten. Tauchen bedeutet immer, im richtigen Druckgleichgewicht zu sein. Die auftretenden Druckunterschiede können nur dynamisch und müssen fortwährend ausgeglichen werden.

Zur Abtauchtiefe sei hier noch nicht allzuviel gesagt, denn als Anfänger wird es Ihnen erst einmal ausreichen, auch nur wenige Meter unter Wasser zu kommen. Es muss aber darauf hingewiesen werden, dass es deutliche Grenzen für den ABC-Taucher gibt. Sie sollten sich deshalb auf jeden Fall unbedingt vor Ihrem ersten Schnorcheltauchgang über die Gefahren des Tauchens informieren.

Sporttauchen ist nicht gefährlicher als alle anderen Sportarten. Das Verletzungsrisiko ist weitaus geringer als bei vielen Mannschaftssportarten, aber man sollte, wie beim Autofahren, nicht nur die Technik beherrschen, sondern auch die Regeln beherzigen und durch Übung seine Fähigkeiten verbessern und vervollständigen. Dann werden Sie sicher tauchen, und sicher tauchen heißt immer »Tauchen ohne Stress«, ohne Verkrampfung und ohne Verletzungsgefahren.

Auftauchen

So schwer das Abtauchen Ihnen wohl gefallen ist, so leicht werden Sie wieder an die Wasseroberfläche gelangen. Nur wenige leichte Beinbewegungen und schon treibt Sie die Auftriebskraft des Wassers automatisch nach oben. Bedenken Sie aber, dass niemand mit Ihrem Auftauchen rechnet. Aus diesem Grund sollten Sie immer darauf achten, dass sich über Ihrem Auftauchplatz kein Hindernis befindet. Ob im freien Gewässer oder im Schwimmbad – tauchen Sie stets nur nach oben blickend auf, um Hindernissen rechtzeitig ausweichen zu können. Übrigens sind Taucher an vielen Orten der Welt verpflichtet ihren Standort durch Bojen auszuweisen und zu sichern.

Damit Ihnen dies in Fleisch und Blut übergeht, sollten Sie diese Art des Auftauchens immer gleichzeitig mit Ihren Abtauchübungen kombinieren und ein-

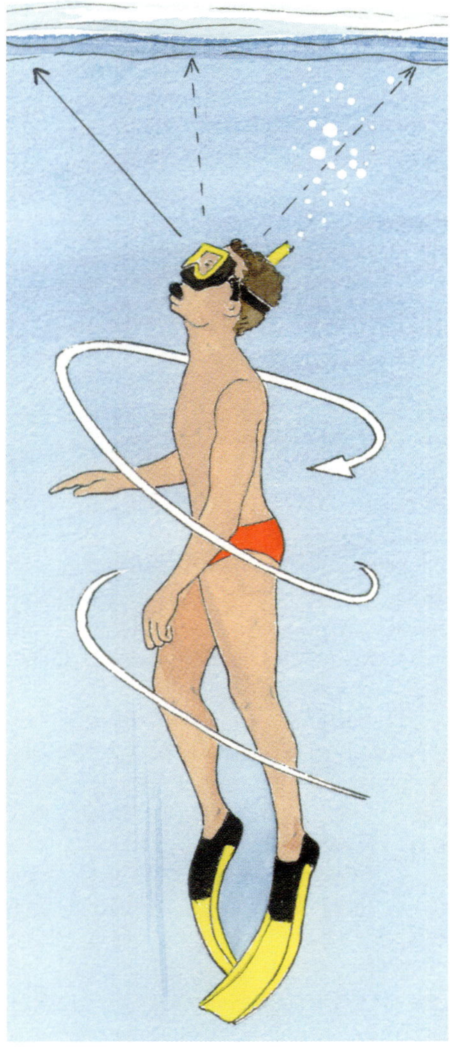

Auftauchen mit Drehung und Beobachten der Oberfläche.

trainieren. Je weniger Sie mit der Technik, dem Ablauf des Flossenschwimmens und des Ab- und Auftauchens beschäftigt sind, umso mehr können Sie sich der Beobachtung Ihrer Umwelt widmen, und umso größer wird Ihre eigene Sicherheit und Ihr Taucherlebnis.

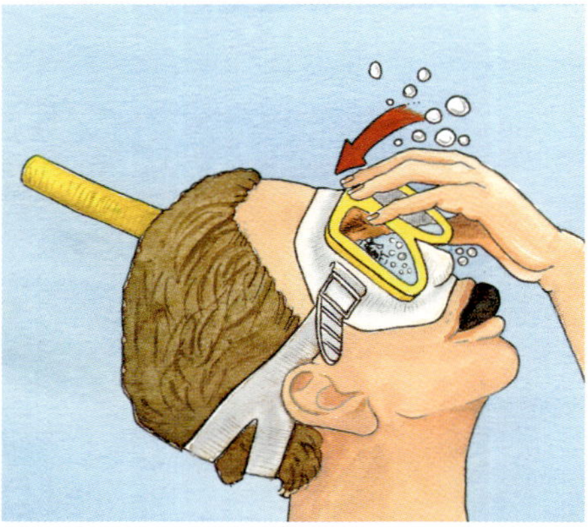

Kopf im Nacken, Maske gegen Stirn drücken, durch die Nase ausblasen.

Maske ausblasen

Zu den überlebenswichtigen Techniken des Sporttauchens gehört es, dass man jederzeit in der Lage ist, eine eventuell mit Wasser voll gelaufene Maske sofort wieder zu entleeren. Was einem im ersten Augenblick als undurchführbar erscheint – unter Wasser wieder einen luftgefüllten Maskenraum zu erhalten –, ist bei einiger Übung wirklich einfach und von jedermann durchführbar. Wer noch nie Umgang mit Maske und Schnorchel hatte, sollte auch hier zuerst über Wasser die Vorgänge probieren, eventuell vor dem Spiegel den genauen Sitz und die genaue Haltung der Maske trainieren. Die nächsten Versuche starten Sie am besten in brusttiefem Wasser.

Dem Gesamtvorgang liegt ein wichtiges physikalisches Gesetz zugrunde, ein Gesetz, das man sich auch einprägen sollte, um die Orientierung unter Wasser nicht zu verlieren:

Luftblasen steigen nach oben.

So einfach diese Regel auch klingt, so lebenswichtig kann sie allerdings in ihrer Beherrschung werden.

Zurück zur Maske. Ist sie mit Wasser vollgelaufen, dann ist es ein leichtes, den Kopf in den Nacken zu nehmen, den oberen Maskenrand leicht an die Stirn zu pressen und durch die Nase Luft aus dem Luftvorrat langsam dosiert in die Maske perlen zu lassen. Diese Luft sammelt sich im oberen Maskenteil und drückt als Luftblase nach und nach das Wasser unten aus der Öffnung wieder heraus. Wenn Sie es richtig gemacht haben, darf rechts und links keine Luft entweichen, und dennoch muss Ihre Maske wieder frei von Wasser sein. Gibt es trotzdem Schwierigkeiten, so könnte es an folgenden typischen Fehlern liegen:

- die Maske wurde oben geöffnet, es kann sich keine Luftblase bilden
- die Maske wurde unten zu weit abgehoben, es dringt Wasser ein
- der Kopf wurde zu weit nach hinten geneigt, es dringt Wasser in die Nase ein
- der Kopf wurde zu wenig nach hinten gebeugt, Wasser verbleibt in den Maskenausbuchtungen.

Trainierte Sporttaucher schaffen es bei einem einzigen Schnorcheltauchgang, die Maske mehrfach auszublasen. Das hängt damit zusammen, dass sie den richtigen Neigungswinkel für den Kopf kennen und den richtigen Anpresswinkel für die Maske und die Luftdosierung beherrschen. Das Ausblasen der Maske gehört für alle Sporttauchscheine zu einer der wichtigsten Grundübungen.

Verständigung unter Wasser

Unter Wasser ist alles ganz anders. Wir sind als Menschen nicht für das Leben unter Wasser ausgerüstet, sondern brauchen immer wieder den Kontakt zur Oberflächenluft – eine Verbindung zur Luft, die entweder über den Schnorchel

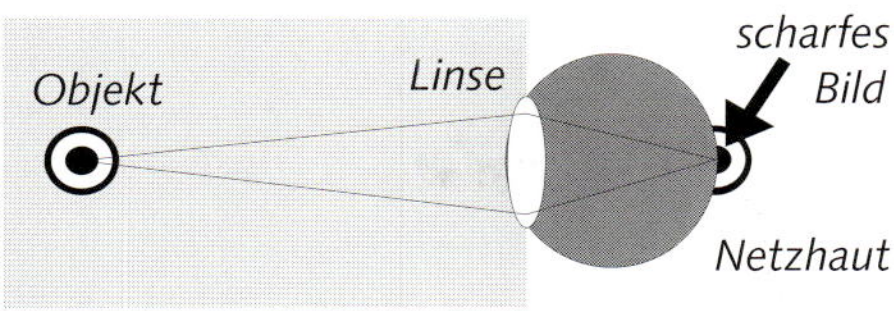

Über Wasser: Bündelung der Lichtstrahlen auf der Netzhaut.

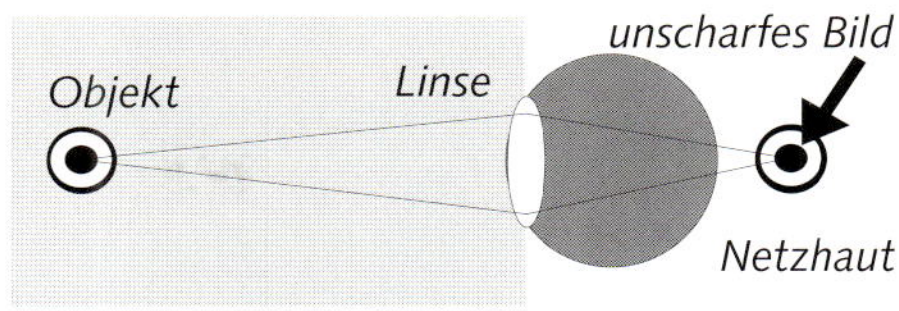

Unter Wasser: Durch den veränderten Brechungsindex des Wassers Bündelung der Lichtstrahlen weit hinter der Netzhaut.

oder durch einen Luftvorrat im Tauchgerät geschaffen wird. Auch das menschliche Auge ist nicht für das Sehen unter Wasser geschaffen. Wenn wir ohne Maske ins Wasser blicken, dann zeigt es sich verschwommen und trüb, und zudem verliert sich im Freigewässer für uns auch ganz schnell die Farbenprächtigkeit der Oberfläche in den blaugrünen Tönen der tieferen Regionen. Dies hat seinen Ursprung in der physikalischen und chemischen Besonderheit des Wassers.

Vielleicht ist Ihnen schon einmal bei einem Urlaub aufgefallen, dass bei längerem Aufenthalt im Wasser und intensiver Sonneneinstrahlung nur die aus dem Wasser ragenden Körperteile einen Sonnenbrand bekommen haben, während die vom Wasser bedeckten Flächen wie durch einen Filter vor den gefährlichen UV-Strahlen geschützt wurden. Zudem sieht ein in das Wasser gehaltenes gerades Schnorchelrohr so aus, als wäre es am Übergang ins Wasser geknickt. Schon diese kleinen Beispiele zeigen, dass Wasser Lichtstrahlen - genauer die unterschiedlichen Wellenlängen des Sonnenlichts - zum einen abschirmt und zum anderen stärker bricht als die Luft. Unter Wasser verschwinden die verschiedenen Farbtöne (Spektralfarben), zuerst das Rot, gefolgt von Orange, Gelb und Grün. In Tiefen ab 30 m bietet sich Ihnen die Unterwasserwelt nur noch in einem fahlen Blau. Das Wasser wirkt also wie ein Blaufilter (siehe auch Seite 104). Allerdings können Sie mit einiger Erfahrung ohne weiteres auch unter Wasser die vereinheitlichten monochromatischen Farbtönungen den richtigen Farben zuordnen, gerade so, wie Sie bei einem Schwarzweißfernseher auch die verschiedenen Farben einem bestimmten Grauwert zuordnen können. Bei allen Unterwasserbildern, die Sie hier im Buch finden oder in Film, Fernsehen und bei Dia-Vorträgen sehen, wurden die Farben mit–

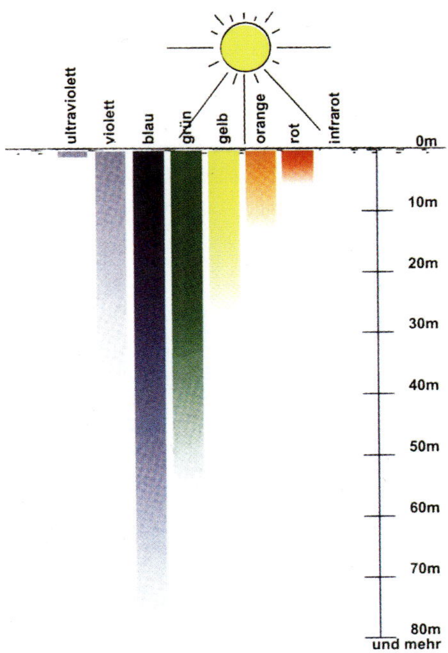

Farbspektrum und Absorption.

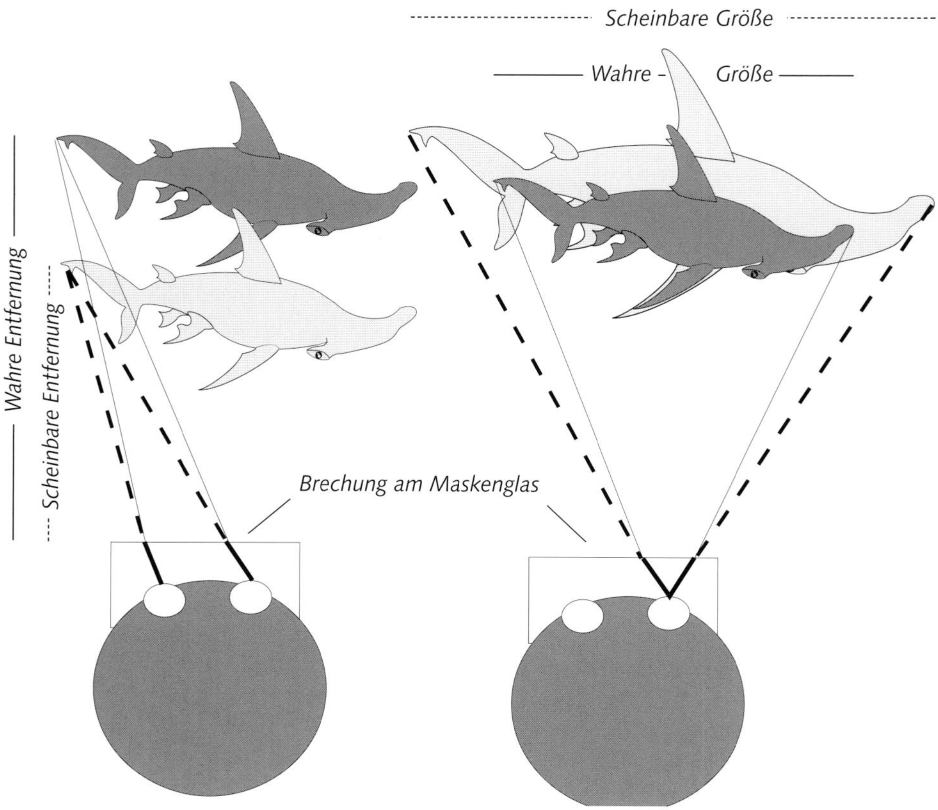

Unterwasser sieht alles näher und größer aus.

hilfe von Kunstlicht wie Unterwasserlampen oder Unterwasserblitzgeräten hervorgezaubert.
Auch besitzt Wasser eine andere Dichte als Luft, woraus eine andere Brechung des Lichts im Wasser resultiert. Ohne groß auf die physikalischen Hintergründe eingehen zu wollen, bedeutet dies, dass Sie unter Wasser alles etwa um ein Drittel größer und um ein Viertel näher sehen, als es in Wirklichkeit ist. Ein Fisch von 1 m Länge wirkt beispielsweise unter Wasser ungefähr 1,30 m lang, und wenn er etwa 6 m von Ihnen entfernt vorbei geschwommen ist, dann erscheint Ihnen das so, als läge ein Abstand von 4,50 m zwischen Ihnen und dem Fisch. Das sollte man übrigens auch wissen, wenn man den vielen Erzählungen von Sporttauchern folgt, bei denen alles ein bisschen größer und ein bisschen gefährlich näher geschildert wird, als es in Wirklichkeit eigentlich der Fall war.
Mit dem Hörvermögen unter Wasser ist es ähnlich wie mit dem Sehen. Aufgrund der höheren Dichte des Wassers ist die Schallgeschwindigkeit etwa viermal höher als in der Luft. Töne, die unter Wasser entstehen, vermitteln somit den Eindruck, als sei die Geräuschquelle

wesentlich näher, als sie es tatsächlich ist. Für den Taucher ist es fast unmöglich, Schallquellen zu orten, also eine Richtungsangabe zu machen, da unsere Ohren unter Wasser nicht die ihnen erforderliche Zeitdifferenz erhalten, mit der der Schall ein Ohr früher erreicht als das andere. Es gehört Erfahrung dazu, wenigstens ungefähre Angaben machen zu können. Unter Wasser haben wir keine Chance, mit unserem Tauchpartner zu reden. Unser wichtigster Informationsträger, die Stimme, ist unter Wasser nahezu ausgeschaltet, auch wenn Könner in der Lage sind, sich zumindest beim Gerätetauchen grob durch Laute zu verständigen. Trotzdem ist es wichtig, dass ein Kommunikationssystem auch unter Wasser aufrechterhalten wird. Deshalb hat man eine internationale Zeichensprache entwickelt, die sich auf wenige Handzeichen beschränkt und die Sie unbedingt beherrschen sollten.

So vielseitig und unterschiedlich die Sprachen der Völker sind, so einfach und leicht ist es, sich »mit Händen und Füßen« zu verständigen. Wenn Ihnen der Polizist im Straßenverkehr die Handfläche entgegenstreckt, wissen Sie, dass das »Halt!« heißt. Das O.K.-Zeichen ergibt sich fast selbstverständlich durch Schließen von Zeigefinger und Daumen zu einem »O«. Mit der waagerechten Handfläche und gespreizten Fingern zu wackeln, das würde auch an Land schon signalisieren: Etwas ist nicht in Ordnung, ich fühle mich nicht so wohl.

Mit diesen wenigen Beispielen dürften Sie die Bedeutsamkeit der Unterwassersprache erkannt haben. Üben Sie die wichtigsten Zeichen (siehe Seite 40) zu Hause vor dem Spiegel ein, sodass Sie sie in Notsituationen jederzeit anwenden, aber auch deuten können. Zu den acht Pflichtzeichen, die beim Weltverband des Sporttauchens (CMAS) als verbindlich gelten, hat sich in der Vergangenheit noch ein knappes weiteres Dutzend an Zeichen eingebürgert, die vor allen Dingen beim Gerätetauchen Anwendung finden. Sowohl für das Tauchen mit der ABC-Ausrüstung als auch mit dem Gerät gilt, dass man sich vor einem Tauchgang mit dem Tauchpartner noch einmal kurz verständigt, die Zeichen durchgeht und sich versichert, dass er auch die gleiche Sprache spricht. Diese Verständigung kann bei Gefahren unter Wasser von lebenswichtiger Bedeutung sein.

Selbst wenn Sie an der Wasseroberfläche nur schnorcheln, und es kommt eine leichte Brandung auf, können Sie zwar nicht gegen die Gischt und das schäumende Meer anschreien, aber Sie haben immerhin eine gute Chance, durch Ihre Handzeichen Ihrem Partner oder einem vorbei fahrenden Boot die Lage, in der Sie sich befinden, zu signalisieren oder zu erkennen, in welcher Lage Ihre Tauchfreunde sind.

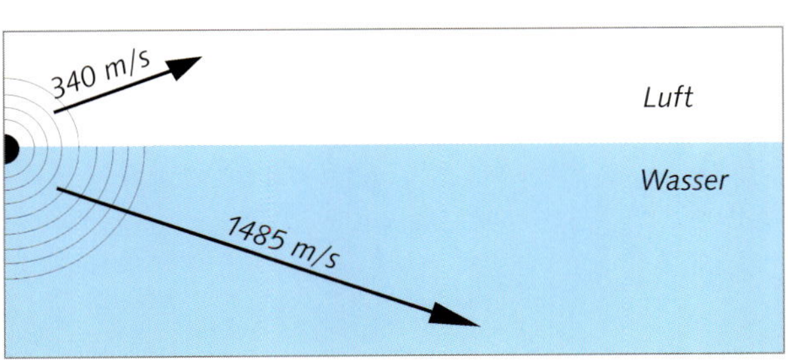

Schallgeschwindigkeit an der Luft und im Wasser.

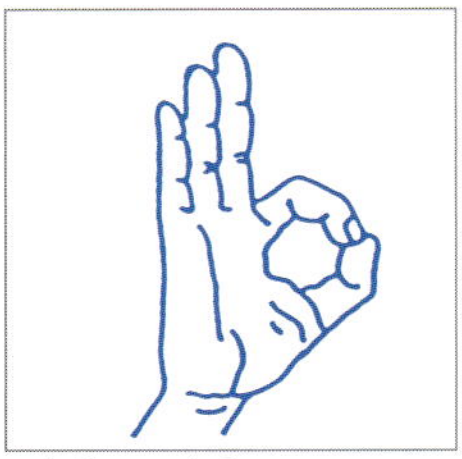

o.k.? o.k.!

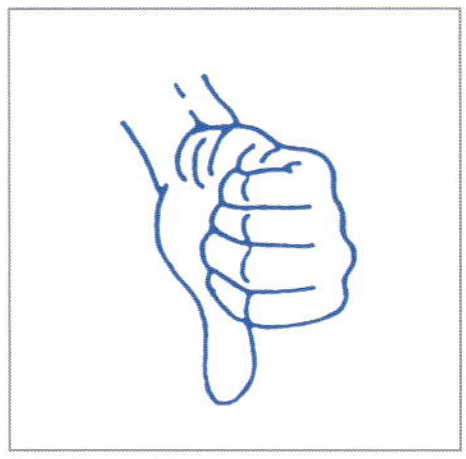

Abtauchen

Auftauchen

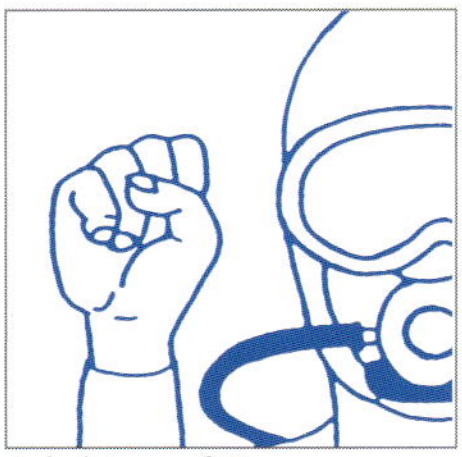

Ich bin auf Reserve 50 bar

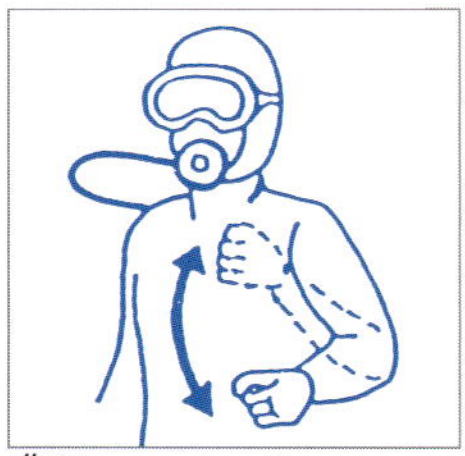

Öffne meine Reserve

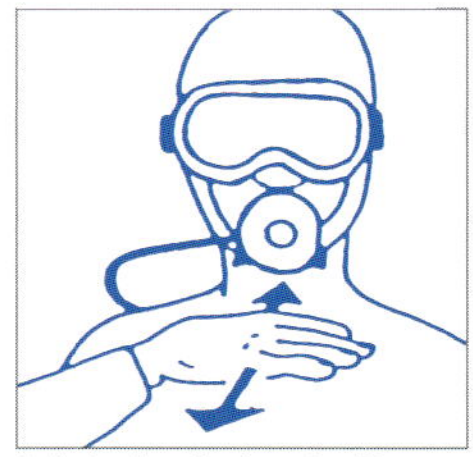

Ich habe keine Luft mehr

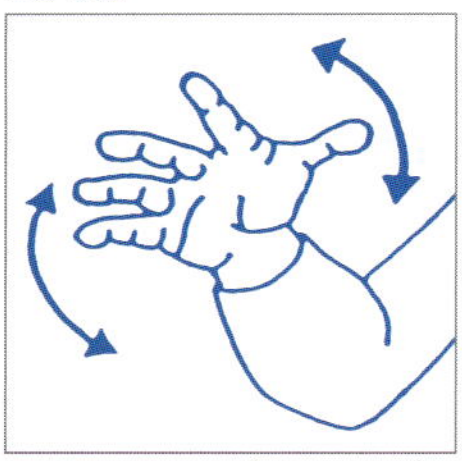

Etwas ist nicht in Ordnung

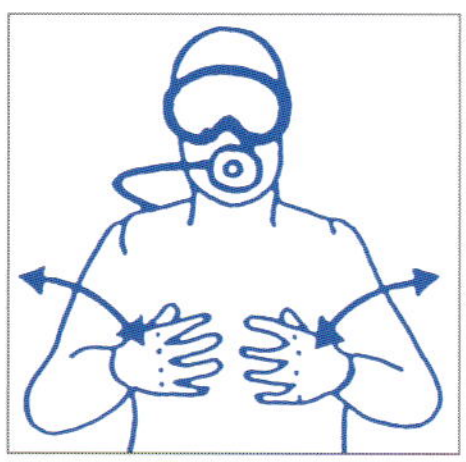

Ich bin außer Atem

Halt, Achtung

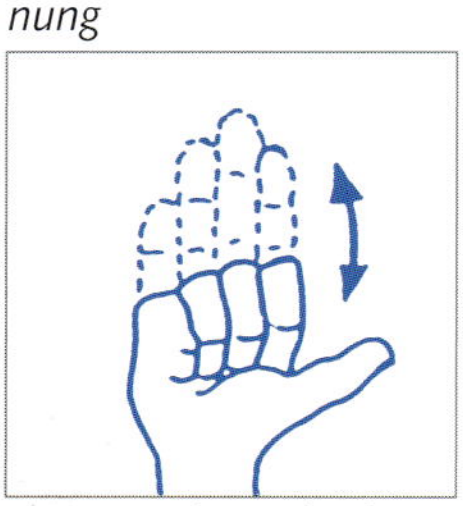

Kein Druckausgleich

Ich friere

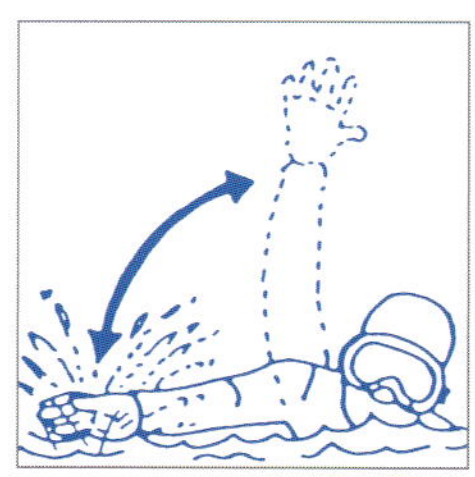

Oberflächennotzeichen

O.K.-Zeichen bei Dunkelheit

Notzeichen bei Dunkelheit

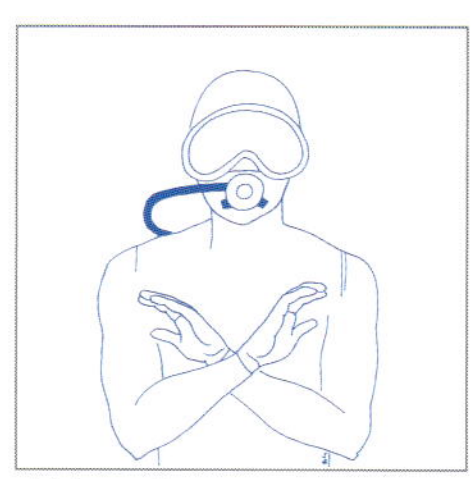

Abbruch

Gefahren für den ABC-Taucher

Es wäre falsch, das Tauchen mit der ABC-Ausrüstung oder das Flossenschwimmen unter dem Aspekt großer Gefahren darzustellen. Genau so falsch wäre es aber auch, die möglichen Gefahrenquellen zu verniedlichen und nicht deutlich auf sie hinzuweisen.

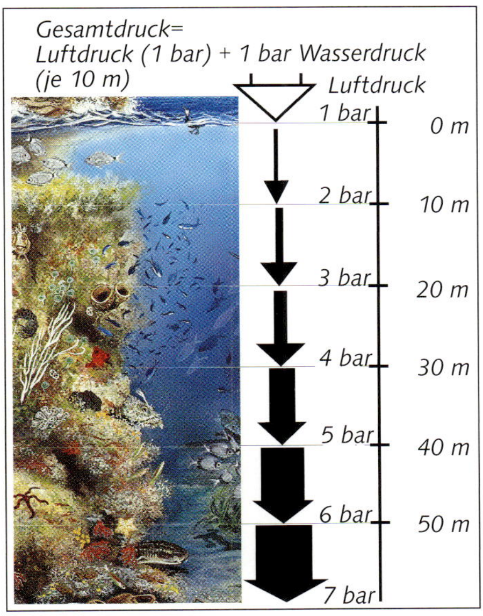

Zunahme des Druckes mit steigender Tiefe.

Die Hauptgefahren sind:

- die starken Druckunterschiede,
- die unterschiedliche Wärmeleitfähigkeit von Luft und Wasser,
- die unterschiedlichen, von den an Land abweichenden Sinnesempfindungen,
- die eingeschränkte Verständigungsmöglichkeit

und vor allen Dingen natürlich

- Strömungen, Wellen und Brandungen,
- schroffe und scharfe Felskanten und Riffe,
- gefährliche Meerestiere,
- Wetterumschwünge und drehende, vor allem ablandige Winde,
- starke Gezeitenunterschiede und
- Bootsverkehr jeder Art.

Sie können in den Freigewässern erhebliche Gefährdungen für den Schnorchler und später den Taucher mit sich bringen. Man sollte deshalb die Risiken des Sporttauchens kennen und sie damit vermeiden können.

Ganz allgemein kann man die auftretenden Gefahren in einen engen Zusammenhang mit den physikalischen Eigenschaften von Luft und Wasser bringen. Natürlich spielt hier die lebenswichtige Sauerstoffzufuhr für unseren Körper eine entscheidende Rolle. Unser gesamter Organismus ist Zelle für Zelle – das sind bei einem erwachsenen Menschen immerhin rund 50 Billionen – so aufgebaut, dass er seine Lebensenergie durch die Oxidation von Nahrungsgrundbausteinen wie der Glucose in den Zellen gewinnt. Hierfür braucht der Körper erhebliche Mengen an Sauerstoff. Der menschliche Körper transportiert diesen Sauerstoff als Anteil der Luft (21 %) über die Atmung zu den Lungen und über das Blutkreislaufsystem zu jeder einzelnen Zelle. Fische und andere Wassertiere haben spezielle Systeme entwickelt, mit denen sie den für sie ebenso notwendigen Sauerstoff aus dem im Wasser gelösten Vorrat gewinnen können. Meist mithilfe von Kiemen sind sie in der Lage, diesen Sauerstoff herauszufiltern.

Wirkung und Verhalten von Gasen

Um die Wirkung von Gasen im menschlichen Körper zu verstehen, muss man wissen, dass sich Gase wie zum Beispiel Sauerstoff oder Stickstoff mittels physikalischer Vorgänge in Flüssigkeiten lösen können. Gase haben generell das Bestreben, sich unter Druck in Flüssigkeiten besser zu lösen. Ein weiterer Faktor, der bei der Löslichkeit von Gasen eine Rolle spielt, ist die Temperatur. Je tiefer die Temperatur der Flüssigkeit ist, desto höher ist das Bestreben der Gase, sich in ihr zu lösen.

Ein einfacher Vergleich am Beispiel des Mineralwassers wird Ihnen dies verdeutlichen. Im Mineralwasser ist relativ viel überschüssiges Kohlendioxid als Gas gelöst. Sie können dieses im Mineralwasser gelöste Gas nicht mit bloßem Auge sehen, solange die Flasche geschlossen ist und der gesamte Flascheninhalt unter Druck steht. Öffnen Sie die Flasche nun plötzlich, dann sehen Sie, dass bei nachlassendem Druck durch das Öffnen der Flasche die Gasblasen schlagartig ausperlen und zum Teil die Flüssigkeit aus der Flasche mit heraussprühen lassen. Für den Taucher und seine Hauptkörperflüssigkeit, nämlich das Blut, bedeutet dies, dass sich die Gase in seinen Körperflüssigkeiten entsprechend dem mit zunehmender Tiefe ansteigenden Druck besser lösen und andererseits beim Auftauchen der Lösung diese Gase wieder entweichen.

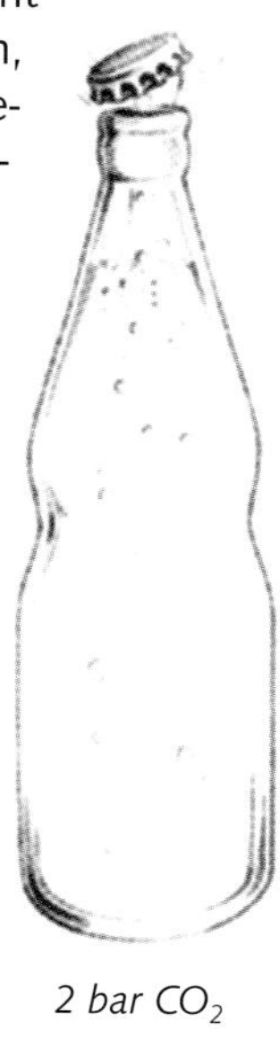

2 bar CO_2

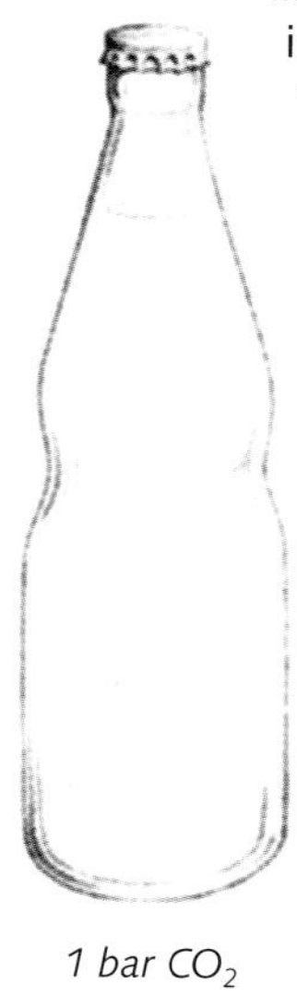

1 bar CO_2

Hier liegt nun die eigentliche Gefahr. Beim Auftauchen, also einer Druckentlastung, ist der Organismus bemüht, im Vergleich zur Umgebung zu viel gelöstes Gas wieder freizugeben. Ähnlich wie eine geöffnete Sprudelflasche, aber mit dem Unterschied, dass aufgrund der Zusammensetzung des Blutes die Gasausscheidung im menschlichen Körper etwas gehemmt wird. Ein Auftauchen nach einem normalen Tauchgang aus 10 m (50% Druckabfall) mit einer dreiminütigen Sicherheitspause auf 3 m bleibt ohne Folgen. Entsteht allerdings ein zu starker Druckabfall in zu kurzer Zeit, so perlt die Gasübersättigung in Form kleiner Gasbläschen wie beim Sprudelflaschenversuch aus und verursacht die Caisson-Krankheit (siehe Seite 90).

Je nach Größe und Lokalisation dieser Gasbläschen im Blut kann es zu einem Verschluss oder zu einer Verstopfung (Embolie) der kleinsten Verzweigungen des Blutkreislaufsystems, den Kapillaren, kommen. Die Folge wäre ein Versorgungsausfall der hinter der Embolie liegenden Gewebe und entsprechenden Regionen. Geschieht dies im Bereich des Herzens oder des Gehirns, so kann man sich sofort die gefährliche, ja lebensbedrohende Situation ausmalen. Im Bereich von Körpernerven, wie zum Beispiel im Rückenmark, werden die sich ausdehnenden Gasbläschen auf die wichtigen Rückenmarksnervenstränge Druck ausüben und dort die Funktion unterbinden. Es kommt zu Lähmungen und anderen Gefahr bringenden Ausfallerscheinungen.

Ganz allgemein kann man sagen, dass sich unter diesen Bedingungen der Druckveränderungen und der damit verbundenen unterschiedlichen Löslichkeit von Gasen in den Gewebsflüssigkeiten vor allem für den länger unter dem Wasserdruck sich aufhaltenden Gerätetaucher genaue Fahrpläne für den Abstieg, für den Aufenthalt unter Wasser und den Wiederaufstieg zur Oberfläche ergeben. Je öfter sich ein solcher Sporttaucher innerhalb einer bestimmten Zeit unter Wasser begibt, um-so mehr werden diese Lösungsvorgänge ineinander greifen und sich zum Schluss in gefährlicher Art und Weise addieren. Man spricht dann von Wiederholungstauchgängen, die, in einer Vielzahl innerhalb eines Tages ausgeführt, bis zum Sättigungstauchen führen können, das dann sehr lange Austauchzeiten erfordert.

Austauchzeiten sind die Zeiten, die der Taucher in Anspruch nehmen muss, um so langsam aufzutauchen, dass keines der gelösten Gase in Form von Gasbläschen in den Körperflüssigkeiten oder auch in den Geweben des Körpers austritt, sondern langsam über den abnehmenden Außendruck durch die Atmung abgegeben werden kann. Sie sollten sich dieser Tatsache schon an dieser Stelle bewusst werden. Als Sporttaucher wollen Sie sicher irgendwann auch einmal den Vorteil eines Presslufttauchgerätes genießen, um größere Tiefen zu erreichen, um länger unter Wasser beobachten, fotografieren, filmen oder einfach sich frei schwebend der Welt unter Wasser erfreuen zu können. Dabei wird mit zunehmender Wassertiefe auch der Druck der auf den Körper wirkenden Wassersäule größer, und unter höheren Druckverhältnissen ist das Lösungsverhalten der Gase in den Körperflüssigkeiten verstärkt (siehe Seite 112), wodurch es zu einer gefährlichen Anreicherung von Atemgasanteilen (in der Hauptsache Sticktoff) kommt, die bei empfindlichen Tauchern schon ab Tiefen von etwa 30 m, normalerweise bei ca. 40 m zu lebensgefährlichen, rauschähnlichen Zuständen führen können. In dieser Situation ist man, wie der Name Rausch bereits andeutet, nicht mehr zurechnungsfähig, die Wahrnehmung ist eingeschränkt, es kommt zu Sinnestäuschungen, man ist euphorisch, ausgelassen, unterschätzt alle Gefahren und verwechselt oben mit unten, kurz, der Tiefenrausch lässt sich durchaus mit dem Zustand eines Alkoholrausches vergleichen. Aber gerade in dieser Situation führen Überschätzungen zu tödlichen Fehlleistungen, was wir leider auch von vielen alkoholbedingten Verkehrsunfällen her wissen. Die zweite große Gefahrenquelle ergibt sich aus dem Umstand, dass wir in unserem Körper gasgefüllte Hohlräume haben. Gasgefüllte Hohlräume aber werden unter Druck zusammengepresst, und bei nachlassendem Druck dehnen sie sich wiederum aus.

Diese Fähigkeit unterscheidet sie von flüssigkeitsgefüllten Räumen, denn Flüssigkeiten lassen sich durch Druck nicht zusammenpressen. Des Weiteren nehmen sie bei nachlassendem Druck nicht mehr Raum ein, sodass wir unter Vernachlässigung exakter physikalischer Er-

gebnisse davon ausgehen können, dass Flüssigkeiten bei Druck konstant bezüglich ihres Volumens sind. In der Technik macht man sich das schon lange zunutze, indem man mit Hydrauliksystemen große Maschinen oder Lastkräne bewegt.
Durch diese Volumenunterschiede, die hier unter Druck entstehen können (gasgefüllte Hohlräume lassen sich in ihrem Volumen verändern, flüssigkeitsgefüllte Räume bleiben volumenkonstant), ergeben sich überall dort Spannungszonen, wo sich das Volumen des Gasraumes ändert und die umgebenden Gewebe sich in der einen oder anderen Richtung dehnen müssten. Einfachstes Beispiel, das Sie ja schon kennen: Der Druck des Wassers auf das Trommelfell wölbt das Trommelfell leicht nach innen, Sie empfinden diesen Druck. Dieses Empfinden geht zunehmend in Schmerz über, und Sie gleichen es dadurch aus, dass Sie durch Zuhalten der Nase und leichte Pressatmung einen Druckausgleich über das Mittelohr schaffen. Ergeben sich solche Volumenänderungen schlagartig, z.B. durch zu schnelles Auftauchen oder überdehnen solche Volumenänderungen bestimmte Gewebe, so können gefährliche, ja sogar todbringende Schäden auftreten.

Unterkühlung

Zu den vielen Eigentümlichkeiten des Wassers gehört seine mehr als 25-fach größere Wärmeleitfähigkeit gegenüber der Luft. Dies bedeutet für den ungeschützten Taucher einen enormen Wärmeverlust. Trotz verschiedener körpereigener Schutzmechanismen verliert sein Körper im Wasser etwa dreimal so viel Wärme wie an Land. Diesen Wärmeverlust versucht der Organismus durch vermehrte Sauerstoffverbrennung aufzufangen. Frieren und Muskelzittern sind weitere Gegenmaßnahmen der Temperaturregelung. Die nächste Phase der Unterkühlung ist gekennzeichnet durch die Drosselung der Blutzufuhr an die Extremitäten (Arme und Beine), um die Körperinnentemperatur aufrechtzuerhalten. Im weiteren Verlauf einer Unterkühlung wird die Atmung erschwert, es folgen Muskelstarre, Abfall der Pulsfrequenz auf unter 40 Schläge pro Minute und eine allmähliche Lähmung bis zum Tod.
Um dieser Gefahr vorzubeugen, muss die Unterkühlung möglichst vermieden werden. Bei Temperaturen unter 20°C muss daher zum Tauchen ein Tauchanzug getragen werden, beim ABC-Tauchen ist er empfehlenswert. Bei den gängigsten Anzügen, den Nasstauchanzügen, bildet die zwischen Körper und Anzug eingeschlossene, vom Körper aufgewärmte Wasserschicht die notwendige Wärmeisolation.
Ist eine Unterkühlung erst einmal aufgetreten, so ist die schnelle Wiederaufwärmung unerlässlich. Ein warmes, nicht zu heißes Bad, langsam von 28°C auf 38 bis 39°C ansteigend, wäre ideal. Gibt es diese Möglichkeit nicht, so zieht man den Unterkühlten ganz aus, frottiert den Körper ab und erwärmt ihn durch Decken, Wärmepackungen (Wärmflaschen etc.) und heiße, gezuckerte Getränke –, aber niemals durch die Gabe von Alkohol! Generell sollten Sie, sobald Sie frieren oder frösteln, den Tauchgang und das Schnorcheln schnellstmöglich abbrechen und das Wasser verlassen.

Selbstüberschätzung

Als eine der letzten und großen Gefahrenquellen für das Sporttauchen möchte ich das Überschätzen der eigenen Kräfte, zu weites Hinausschwimmen, Fehleinschätzung von Wind, Wetter und Wellen, aber auch falschen Mut im Umgang mit Meerestieren anführen. Ist man einer Gefahr heil entronnen, fehlt vielfach das Eingeständnis, Glück gehabt zu haben, im Gegenteil, dieses Glück wird oft sogar noch als Können und meisterhafte Beherrschung der Situation interpretiert.

Die meisten Gefahren des Tauchens lassen sich einschätzen, abwägen und oft vermeiden, wenn wir auf unseren Körper hören, wenn wir sozusagen in ihn hineinhören, auf seine Signale und auch unsere Angstgefühle achten und uns nicht überfordern.

Sporttauchen macht Spaß, ist eine gesunde körperliche Betätigung und soll nicht ein Ausloten unserer Grenzmöglichkeiten sein. Wer diese Grundfakten begriffen hat, für den wird das Sporttauchen zu einem faszinierenden Erlebnis und nicht zum riskanten Abenteuer. Es ist wichtig, dass man sich diese Zusammenhänge verdeutlicht, um die einzelnen im Nachfolgenden geschilderten Probleme zu verstehen und auf das eigene Handeln zu übertragen, um so Gefahren zu vermeiden.

Atmungsvorgänge

Durch die Atmung werden alle Zellen unseres Körpers mit dem für ihn lebenswichtigen Sauerstoff versorgt. An Land ist dies normalerweise ein regelmäßiger, unbewusster Vorgang. Ein Regelzentrum (lokalisiert zwischen Gehirn und verlängertem Rückenmark) ist verantwortlich dafür, dass wir automatisch atmen, ohne

Gasaustausch in der Lunge

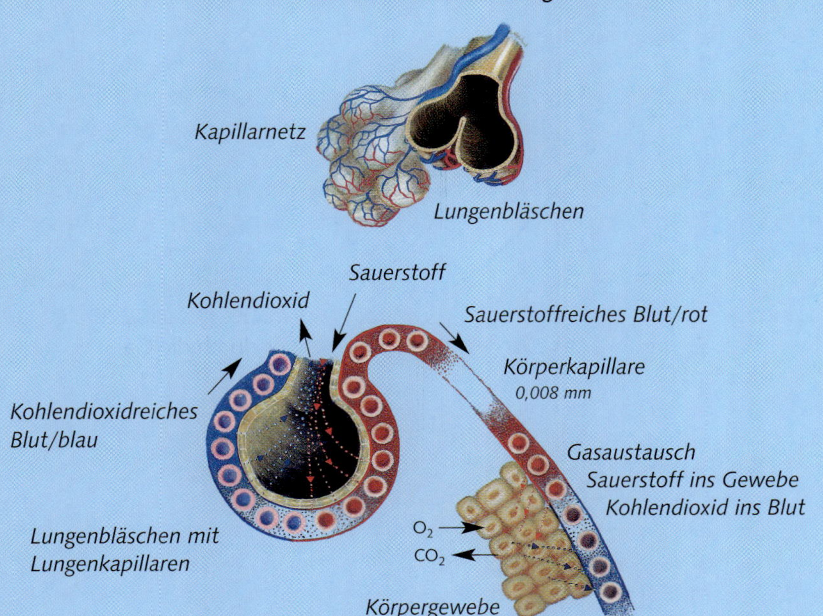

daran denken zu müssen. Es reagiert vornehmlich auf den Anstieg der Kohlendioxidkonzentration im Blut und nur im geringen Maße auf einen Sauerstoffabfall mit vermehrter Atemtätigkeit. Wir können allerdings, wenn auch nur begrenzt, Atemtiefe und -frequenz bewusst beeinflussen.

Bei jedem Atemvorgang, bewusst oder unbewusst, verändert sich das Volumen der Lungen, wenn über Rachenraum, Nase, Luftröhre, Bronchien bis in die kleinsten, feinsten Verzweigungen und schließlich in die Lungenbläschen (die der Fachmann als Alveolen bezeichnet) Luft gepumpt wird. 21% dieser Einatemluft bestehen aus dem für uns lebenswichtigen Sauerstoff, wovon 4% an das Eisen des Hämoglobins (roter Farbstoff des Blutes) chemisch gebunden und zur Versorgung der Zellen weitergeleitet werden. Der Rest setzt sich aus Füllgasen und dem Abfallprodukt Kohlendioxid zusammen.

Bei der Energiegewinnung in den Zellen entsteht durch die Verbrennung der Nahrung als Abfall das Kohlendioxid. Dieses Gas kennen Sie aus dem Alltag: eine Sprudelflasche, die in Wasser gelöstes Kohlendioxid enthält, säuert das Wasser im chemischen Sinne leicht an (darum auch die im süddeutschen Raum gebräuchliche Bezeichnung »saurer Sprudel«). Natürlich ist in unserem Blut niemals so viel Kohlendioxid enthalten, dass man das Blut als sauren Sprudel bezeichnen könnte, aber genau wie beim sauren Sprudel wird die Blutflüssigkeit durch das Stoffwechselprodukt Kohlendioxid angesäuert. Entsteht nun im Blut ein noch so geringer Überschuss an Kohlendioxid, so wird dieser von feinsten Messzellen (Rezeptoren) wahrgenommen, an das Atemzentrum weitergemeldet und der Körper zur Atemtätigkeit veranlasst. Dabei wird verbrauchte, kohlendioxidreiche Luft aus- und sauerstoffreiche eingeatmet. Jeder Änderung dieses Kohlendioxidgehaltes im Blut, des Kohlensäurespiegels, wirkt über die oben genannten Rezeptoren auf das Atemreflexzentrum und verringert oder beschleunigt damit die Atemfrequenz.

Hyperventilation

Atmen Sie schnell hintereinander tief ein und aus, so verändern Sie durch diese Atmung aufgrund physikalischer und chemischer Vorgänge im Wesentlichen den Kohlendioxidgehalt des Blutes. Da das Hämoglobin schon bei normaler Atmung zu 97% mit Sauerstoff gesättigt ist, lässt sich hierbei keine wirksame Erhöhung der Sauerstoffmenge erzielen, egal, wie schnell und tief Sie einatmen. Dagegen erreichen Sie durch das Hyperventilieren, da Sie vermehrt Kohlendioxid abatmen, eine Verminderung des Kohlensäurespiegels. Mit dieser Veränderung wird dem Atemzentrum signalisiert: kein Kohlendioxid vorhanden, folglich keine Notwendigkeit zu atmen. Dieser Vorgang gehört zu einem scheinbar längeren Luftanhaltevermögen, da der Atemreiz meist verzögert eintritt. Bis die Atmung durch den wieder angestiegenen Kohlendioxidspiegel erneut einsetzt, kann der vom Taucher nicht bemerkte Sauerstoffmangel im Gehirn zu einer lebensgefährlichen Bewusstlosigkeit geführt haben. Gefährlich ist diese Bewusstlosigkeit vor allem, da sie sich durch keinerlei Anzeichen ankündigt (Schwimmbad-Blackout).

Wer hyperventiliert, versteht daher nichts vom Sporttauchen! Er gefährdet nur sich und andere, nämlich all diejenigen, die ihn eventuell retten müssen. Ruhiges, tiefes Durchatmen hat andererseits nichts mit Hyperventilieren zu tun, sondern verschafft dem Körper Atemruhe, Stabilität und Ausgeglichenheit.

Pressatmung

Wenn es während des Sporttauchens, egal ob mit Gerät oder nur mit der ABC-Ausrüstung, zu einer unkontrollierten Druckänderung kommt, steigt die Gefahr für einen Tauchunfall. Solche unkontrollierten Druckänderungen können zum Beispiel beim panikartigen Aufsteigen mit dem Gerät geschehen, sie können aber auch durch ein körpereigenes Fehlverhalten hervorgerufen werden.

Sie wissen, dass Sie auch an Land bei körperlicher Anstrengung gelegentlich die Luft anhalten und richtig pressen, um mit aller Kraft beispielsweise einen Schrank zu heben oder zu verschieben. Solch eine ähnliche Druckänderung im Körperinneren entsteht durch die Pressatmung, wenn Sie an der Wasseroberfläche das Wasser aus einem Schnorchel ausstoßen. Beim gesunden Menschen macht das überhaupt nichts aus. Wenn aber jemand empfindlich ist, kann ein solcher Pressdruck bereits zu einer Störung des Blutrückstromflusses zum Herzen und damit zu einem Kreislaufkollaps infolge eines Blutdruckabfalls führen.

Während sich beim gesunden Menschen diese Blutdruckbeeinflussungen schnell wieder auf die Normalwerte regulieren, bleiben beim krankhaft gestörten und anfälligen Kreislaufsystem die Blutdruckwerte verändert und führen mittelfristig zu einer Unterversorgung der Organe, die wiederum zum oben genannten Kreislaufkollaps führen kann. Dieser führt unter Wasser meist zum Ertrinken.

Wie tief darf ich tauchen?

Vielleicht haben Sie es der Presse entnommen: Der Tieftauchrekord im Apnoetauchen, also ohne Tauchgerät, nur mit Maske, Schnorchel und Flossen, liegt z. Z. bei über 170 m und wird von einigen Berufstauchern unter enormen Sicherheitsvorkehrungen als Medienspektakel in immer größere Tiefen getrieben. Lassen Sie sich durch diese Tieftauchrekorde nicht irre machen. Es sind Grenzleistungen, zu denen nur wenige Menschen körperlich und physisch in der Lage sind. Zudem sind sie medizinisch äußerst umstritten und werden auch nicht im »Hoppla-Hopp-Verfahren« gemacht, sondern alle Rekordjäger bereiten sich über Monate auf einen solchen Rekordversuch vor. Dennoch ist es in den vergangenen

Jahren immer wieder zu schweren, zum Teil sogar tödlichen Unfällen gekommen. Als Anfänger sollten Sie keine Rekorde aufstellen wollen, weder in der Zeit noch in der Tiefe, sondern erst einmal ein Gefühl für die richtige ABC-Tauchtiefe bekommen. Muten Sie sich nicht zuviel zu. Es ist keine Schande, am Anfang nur ein, zwei oder drei Meter tief zu tauchen und vielleicht auch insgesamt nur eine Strecke von wenigen Metern zurücklegen zu können. Mit der Übung und mit einer verbesserten Flossen- und Atemtechnik werden Sie sicher bald größere Tiefen, aber auch längere Strecken unter Wasser bewältigen können. Hier gibt es natürliche Grenzen, die abhängig sind von der eigenen Körperkonstitution, vom individuellen Stoffwechselverhalten, von der persönlichen Lungenleistung und vor allem vom Trainingszustand.

Zum besseren Verständnis ist es erforderlich, kurz auf diese Lungenleistung einzugehen. Physikalisch betrachtet, dürfte man weniger von einer Lungenleistung als von dem erreichbaren Lungenvolumen sprechen. Dieses Lungenvolumen wird als Gesamtkapazität bezeichnet. Es unterteilt sich für den Mediziner in die so genannte Vitalkapazität, das bei der Atmung aufgenommene und wieder abgegebene Luftvolumen, und in die Restkapazität, das Lungenvolumen, das übrig bleibt, wenn man so tief wie möglich ausgeatmet hat und nur noch die starren Hohlräume wie Luftröhre und Bronchien luftgefüllt sind. Nach medizinischen Aspekten ist die Freitauchgrenze bei jedem Menschen in Abhängigkeit von seiner Vitalkapazität dann erreicht, wenn die Gesamtkapazität bis auf die Restkapazität zusammengepresst ist. Hier spielen nun wieder die Gesetze des Druckes eine Rolle, und anhand derer lässt sich die Freitauchgrenze für jeden Einzelnen berechnen. Ihre persönlichen Lungenkapazitätswerte können Sie bei der medizinischen Untersuchung beim Arzt erfragen. Gehen wir einmal davon aus, dass ein Taucher beim Atmen 4,5 l Luft austauscht. Die verbleibende Restkapazität sei 1,5 l. Die sich daraus ergebende Gesamtkapazität, also das gesamte Lungenvolumen, errechnet sich aus der Summe von Vital- und Restkapazität, in unserem Beispiel:

4 ,5 l +1,5 l = 6,0 l.

Das hier zur Anwendung kommende Gesetz von Boyle-Mariotte sagt aus, dass das Produkt von Druck und Volumen konstant ist. Physikalisch stehen die Buchstaben p für den Druck, V für das Volumen und k für die Konstante. Dies bedeutet: Bei Erhöhung des Drucks verringert sich im gleichen Maße das Volumen eines Gases, umgekehrt bewirkt eine Abnahme des Druckes die entsprechende Volumenvergrößerung.

Will man nun ermitteln, auf welches Volumen eine anfangs vorhandene Luftmenge in einer bestimmten Tauchtiefe zusammengedrückt würde, so können wir dies mit folgender Gleichung errechnen:

$p_1 \cdot V_1 = p_2 \cdot V_2$, wobei
p_1 = Anfangsdruck
p_2 = Enddruck
V_1 = Anfangsvolumen
V_2 = Endvolumen ist.

Für unser Beispiel ergibt sich also:

$$p_2 = \frac{V_1 \cdot p_1}{V_2}$$

oder

$$p_2 = \frac{6\,\text{l} \cdot 1\,\text{bar}}{1{,}5\,\text{l}} = 4\,\text{bar}$$

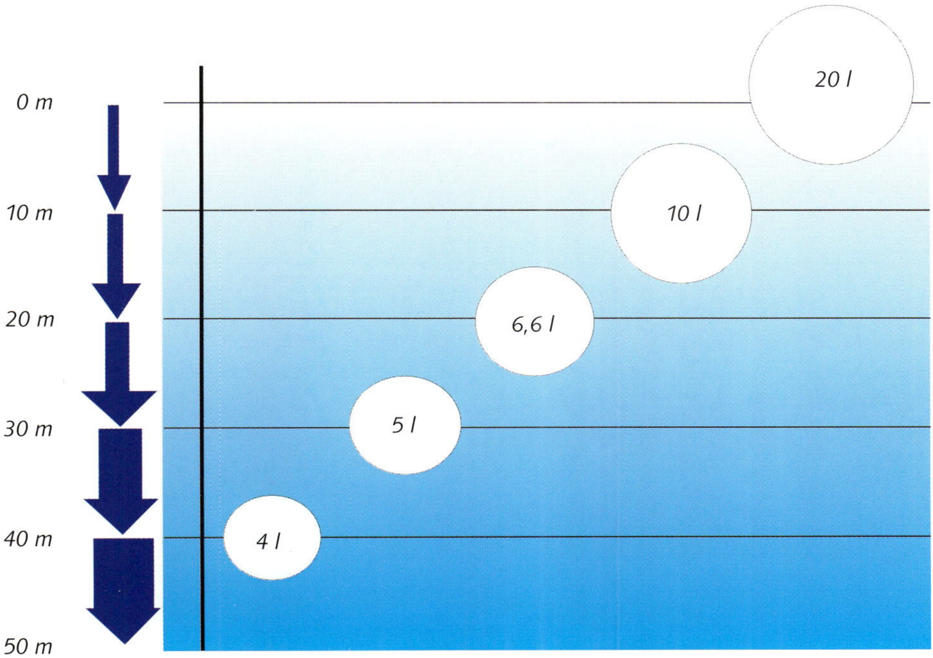

Volumenabnahme bei steigendem Druck.

Dies entspricht dem Oberflächendruck von 1 bar + 3 bar Wasserdruck (wobei eine 10 m hohe Wassersäule einen Wasserdruck von 1 bar ergibt). Hieraus folgt, dass 4 bar (1 bar Luftdruck + 3 bar Wasserdruck) einer Tauchtiefe von 30 m entsprechen. Die maximale Tauchtiefe, die mit dieser Lungenkapazität erreicht werden kann, beträgt also beim ABC-Tauchen theoretisch 30 m. Bei solchen theoretischen Angaben müssen jedoch unbedingt Sicherheitswerte mit einbezogen werden. So taucht man zum Beispiel niemals voll eingeatmet ab, und zusätzlich geht beim Abtauchen Luft durch den Druckausgleich in die Maske und in die Nebenhöhle verloren. Außerdem wird die Luft in den Lungen des ABC-Tauchers bei zunehmender Tiefe immer stärker komprimiert, das Volumen nimmt also ab, und der nun stärker werdende Abtrieb zwingt ihn, mit kräftigen Flossenschlägen, also praktisch mit Schwerstarbeit, wieder nach oben zu schwimmen. Führende Tauchmediziner verlangen hier einen Sicherheitswert von einem Drittel Abzug. Bei einem errechneten theoretischen Wert von 30 m bedeutet dies einen Abzug von 10 m, sodass sich eine maximale Freitauchgrenze von 20 m für den ABC-Taucher mit der oben angesprochenen Lungenkapazität ergibt. In diesem Zusammenhang ist es ganz interessant aufzuzeigen, warum hier eine Gefährdung auftritt, denn sie ist im Grunde identisch mit der Situation, über einen zu langen Schnorchel zu atmen. Sie wurden ja bereits darauf hingewiesen, dass ein Schnorchel nicht länger als 35 cm sein sollte, da sich sonst durch die Druckverhältnisse Gefährdungen für den Taucher ergeben. Diese Gefährdungen entstehen durch die Differenz zwischen Oberflächendruck und umgebendem Wasserdruck. In 80 cm Tiefe ist nach der Aussage, dass eine 10 m-Wassersäule einen Druck von 1 bar ergibt, ein Überdruck von 0,08 bar von außen auf die Lungen wirksam. Wird nun mit einem überlangen Schnorchel von beispielsweise 60 cm getaucht, plus dem Weg vom Mund bis zu den Lungen mit etwa 20 cm gerechnet, ergibt sich insgesamt bei 80 cm von der Lunge bis zur Wasseroberfläche eine Druckdifferenz von 0,08 bar. Dieser Druckunterschied macht sich als Überdruck von außen und damit als relativer Unterdruck in den Lungen bemerkbar. Einen Ausgleich würde das Herzkreislaufsystem durch eine Blutanstauung in den Blutgefäßen des Brustraums sowie im Herzen schaffen. Dies hätte in kurzer Zeit eine Überbelastung des Herzens und damit den Herztod zur Folge.

Sie sehen, dass man im Bereich des Sporttauchens, ob als ABC-Taucher oder als Gerätetaucher, immer sein eigener Sicherheitschef ist, ganz einfach dadurch, dass

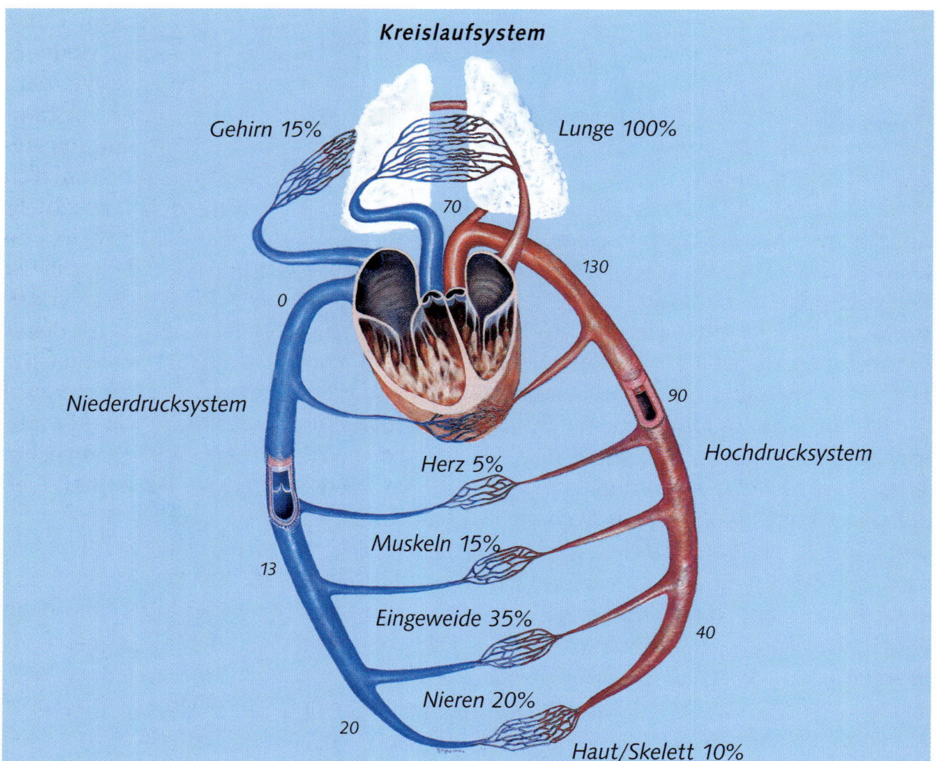

Prozentzahlen geben den O_2-Verbrauch in den jeweiligen Organsystemen an, Zahlen an den Arterien und Venen den Blutdruck.

man sich an die physikalischen Naturgesetze hält, die eigene Leistungsfähigkeit nicht überschätzt und vorausplanend, ausgerüstet mit den richtigen Materialien, seine naturgegebenen Tauchgrenzen nicht überschreitet. Lassen Sie sich nicht dazu verleiten, einen für Sie gültigen theoretischen Wert zu errechnen und diesen Wert auf Biegen und Brechen auch in die Tat umsetzen zu wollen. Bei allen Unterwasserausflügen sollten Sie sich wohl fühlen mit dem Bewusstsein, dass Sie weit innerhalb Ihrer Sicherheitsgrenzen tauchen und sich nicht unnötigen Gefahren aussetzen. Wer Sie belächelt oder zu größerer Leistung animiert, ist sicher nicht der richtige Sportkamerad.

Flachwasser-Bewusstlosigkeit
In diesem Zusammenhang sei noch ein weiterer Fehler erläutert, der bei Freitauchübungen zu gefährlicher Bewusstlosigkeit kurz vor Erreichen der Wasseroberfläche beim Auftauchen führt. Dies kann ohne weiteres passieren, auch wenn weder die Freitauchgrenze in der Tiefe noch die Tauchzeit überschritten wurden. In Ländern, in denen die UW-Jagd mit der Harpune verbreitet ist, ist dies die Hauptunfallursache beim Freitauchen. Die Ursachen für diese so genannte Flachwasser-Bewusstlosigkeit liegt im Lösungsverhalten des Sauerstoffs, der bei zunehmendem Druck immer leichter physikalisch in Lösung geht und von dem in der Tiefe immer mehr verbraucht wird.
Physikalisch lösen heißt, dass sich in der Blutflüssigkeit verteilte Sauerstoffmoleküle vorfinden, die nicht an das Hämoglobin der roten Blutkörperchen gebunden sind. Dadurch wird der Lunge Sauerstoff entzogen und der Sauerstoffgehalt in der Lunge nimmt zwangsläufig ab. Beim Auftauchen ändern sich erneut die Druckverhältnisse und der Sauerstoffteildruck (oder auch Sauerstoffpartialdruck) in den Lungen nimmt entsprechend dem abnehmenden Wasserdruck ebenfalls ab. Da Sie in der Zwischenzeit eine Weile unter Wasser waren, hat Ihr Körper zur Energiegewinnung und zur Aufrechterhaltung aller Lebensfunkionen einen Teil des eingeatmeten Sauerstoffs schon verbraucht. In Ihrem Körper besteht also akuter Sauerstoffmangel. Dieser Mangel wird nun durch den abnehmenden Außendruck und den damit verbundenen abnehmenden Sauerstoffpartialdruck in der Lunge verstärkt. Sie müssen sich jetzt vorstellen, dass immer mehr Sauerstoffteilchen, die vorher physikalisch im Blut gelöst waren, wieder in den Lungenraum abgegeben werden. Diese Abgabe von Sauerstoff verstärkt den bereits durch den Tauchvorgang aufgetretenen Sauerstoffmangel. Zusätzlich dringt aufgrund des rapiden Druckabfalls Kohlendioxid aus der Blutbahn in den Lungenraum ein und vermindert, wie wir bereits im Kapitel Hyperventilation erklärten, den Atemreiz. Die Gesamtheit dieser Vorgänge bewirkt, dass es, meist in einer Tiefe von 6 m bis 0 m, zu einer plötzlich eintretenden Bewusstlosigkeit kommt, die ohne Hilfe zum Ertrinken führen kann. Es gilt also auch bei ABC- oder Freitauchgängen:

»Tauche nie allein!«

Es lassen sich zwar nicht alle, aber doch die meisten Gefahren des Sporttauchens auf rein physikalisch-medizinischer Basis erläutern. Um Ihnen einen Überblick über das notwendige Grundwissen zu verschaffen, finden Sie im Anhang dieses Buches die wichtigsten physikalischen Gesetze.

4. Stufe: Wie kann ich das bisher Erlernte anwenden?

Beobachtungen von Korallen, Fischen und vielen anderen Tieren gehören zu den ersten Möglichkeiten für einen ABC-Taucher.

Mit dem ABC-Tauchen eröffnet sich Ihnen ein höchst angenehmes Kapitel des Sporttauchens. Denn das Tauchen mit Maske und Schnorchel ist in allen Freigewässern, in denen man auch baden darf, erlaubt. Sie eröffnen sich mit einer relativ preiswerten Grundausstattung in allen Meeren der Welt und in nahezu allen Binnengewässern Einblicke in die Welt unter Wasser.

Bedenken Sie jedoch, dass auch bei der Benutzung von Binnengewässern die Natur-, Landschafts- und Artenschutzbestimmungen zu beachten sind. Die »Zehn goldenen Regeln« erleichtern es Ihnen, sich umweltgerecht in einem Gewässer zu bewegen. Wenn Sie Tiere beobachten wollen, sollten Sie sich abseits der Badezonen bewegen und so geräuschlos wie möglich auf der Wasseroberfläche entlanggleiten. Das Einhalten der zehn goldenen Regeln sollte für Sie zur Selbstverständlichkeit werden, da diese Regeln wichtige Grundlagen des Gewässerschutzes enthalten. Wenn Sie zum Beispiel Schilf oder andere Wasserpflanzen durch Ihren Flossenschlag beschädigen, dann laufen diese Pflanzen, die im Inneren meistens luftgefüllte Röhren haben, voll Wasser, wie wenn Ihnen der Schnorchel voll Wasser laufen würde. Allerdings können diese Pflanzen ihre Luftröhre nicht mehr vom Wasser befreien und ertrinken im wahrsten Sinne des Wortes. Vermeiden Sie daher, in Pflanzenbereichen zu schnorcheln und die Wasserpflanzen mechanisch zu schädigen.

Genauso wenig sollten Sie über flache Sandbänke gleiten, da hier viele Fische ihre Laichplätze haben und der Laich durch Aufwirbeln von Sediment, also Mulm und Schlamm, vom Sauerstoff abgeschnitten und ebenfalls regelrecht erstickt wird. Bewegen Sie sich gemäß den goldenen Regeln, so werden Sie schnell bemerken, dass die Tiere zutraulich und neugierig auf Sie zukommen, den Eindringling kurz beobachten, um wieder ihrer Wege zu ziehen. Genauso rasch werden Sie auch lernen, die Wasserqualität zu beurteilen, da viele Tiere und Pflanzen Bioindikatoren, also eine Art lebende Anzeiger für die Qualität eines Gewässers sind. Alle Einflüsse von außen bewirken hier langfristig Veränderungen. Ein See oder Teich sind niemals ein statisches Gebilde, sondern im Verlauf von Jahren oder Jahrzehnten in ihrer natürlichen Umgebung gewachsen. Sie altern und werden wieder verschwinden. Es würde aber zu weit führen, hier dieses Thema ausführlicher zu behandeln.

Beobachten im Meer

Eine weit größere Bedeutung als das ABC-Tauchen in unseren Binnengewässern hat das Tauchen mit der ABC-Ausrüstung im Meer. Ziel vieler Europäer ist das Mittelmeer mit seinen vielfältigen Küstenformationen von Spanien über Südfrankreich, Italien nach Griechenland bis hin zur Türkei. Die vielen vorgelagerten Inseln bieten meist noch die besten Wasserverhältnisse. Beim ABC-Tauchen sollten Sie daran denken, dass Rücken, Beine, Oberarme, Ohren, Hals, Kniebeuge und Waden bedeckt sind. Im Wasser, bedingt durch die relativ niedrige Temperatur, spüren Sie die intensive Sonneneinstrahlung nicht und laufen Gefahr, dass Sie sich einen üblen Sonnenbrand holen.

Die Tauchgründe des Mittelmeeres kann man nach ihrem Erscheinungsbild unterteilen: Da gibt es zum einen die Steilwände, die sich im Meer fortsetzen, mit vorgelagerten Kaps und vereinzelten, kleineren, vorgelagerten Inseln. Wenn die

Erst mit künstlichem Licht lassen sich unter Wasser die herrlichen Farben erkennen.

Strömungs- und Brandungsverhältnisse es zulassen, finden Sie hier die idealen ABC-Tauchgründe, da in diesen Steilwänden und vorgelagerten Inselabbrüchen hervorragende Schlupfwinkel für eine große Anzahl von Tieren und Pflanzen entstanden sind. Darüber hinaus werden derartige Uferzonen selten vom Massentourismus heimgesucht, wie man dies von den lang gezogenen Sandstränden kennt. Dort, wo die Steilwände von der Brandung zerfressen und zergliedert oder größere und kleinere Felsbrocken ins Meer gefallen sind, bilden sich auf dem Grund Geröllfelder, die oft kleine Überhänge, Durchlässe, Höhlungen, Spalten und Klüfte aufweisen. Auch hier finden Tiere und Pflanzen ideale Besiedlungsmöglichkeiten und ebenso wie an den Steilwänden die unterschiedlichsten Licht- und Schattenverhältnisse. Beide Uferverhältnisse bieten beste Möglichkeiten zum ABC-Tauchen, speziell dann, wenn sich lang gezogene Seegrasfelder anschließen, die langsam in die Tiefe tauchen.

Für den Anfänger zwar leichter zu erreichen, aber bei weitem nicht von dem Erlebniswert der Steilwände und Blockgründe, sind die weit gezogenen Sandwüsten unter Wasser. Hier muss man schon sehr gut beobachten können und sollte auch ziemlich genau das besondere Verhalten der Tiere und Pflanzen kennen, die sich in diesem lebensfeindlichen Raum aufhalten, und auch die Tageszeiten berücksichtigen, wenn man etwas entdecken will. Viele der hier lebenden Tiere sind tagsüber im Sand eingegraben, um so Schutz vor Fressfeinden zu haben. Erst in den Dämmerungsstunden und nachts ziehen sie über die weiten Sandflächen, um ihrerseits als Räuber im Schutz der Dunkelheit zu jagen. Doch für jeden, der mit offenen Augen durch das Wasser gleitet, werden alle Bereiche des Meeres ein interessantes Beobachtungsfeld bieten. Hält man sich als ABC-Taucher an die grundsätzlichen Sicherheitsregeln des Schwimmens, also

- nicht zu weit hinausschwimmen,
- Gebiete mit Motorboot- und Bootsverkehr weitgehend meiden,
- den eigenen Standort entsprechend mit einer Boje kennzeichnen,
- beim Auftauchen stets nach oben sehen, um so einem möglichen Hindernis ausweichen zu können,
- Höhlen meiden,
- bei aufkommenden Sturmwarnungen Badeverbot beachten,

dann wird das Abenteuer des ABC-Tauchens zu einem wahren Vergnügen und ist sicher eine der attraktivsten Urlaubsbeschäftigungen zum Nulltarif.

Noch ein Wort zur Sicherheit: Handschuhe gelten vielerorts als umweltschädlich, da man ja nichts im Wasser anfassen soll, um Tiere und Pflanzen nicht zu schädigen. Wenn nötig, stützen Sie sich vorsichtig mit den Fingern an unbesiedelten Stellen ab. Vermeiden Sie es in tiefe Spalten und Löcher zu greifen. Wählen Sie an der Felsküste Ihren Ein- und Ausstieg ins Wasser so, dass Sie nicht von der Brandung auf die Felsen geworfen werden können. Grundsätzlich sollten Sie bedenken, dass man dort, wo man bereits unter Schwierigkeiten ins Wasser gelangt ist, meist auch nur mit großen Mühen wieder sicher aus der Brandung heraus kommt. Überziehen Sie auf keinen Fall Ihre Leistungskapazität. Im Verlauf eines ABC-Tauchurlaubs bekommen Sie genügend Kondition, um dann auch größere Freitauchausflüge entlang der Küste zu wagen.

Besonderheiten im tropischen Meer

Zweifellos gelten die tropischen Riffe mit ihren einzigartigen faszinierenden Korallengärten als die schönsten Gebiete der Welt für ABC- und Gerätetaucher. Das Rote Meer, die Malediven, die Inseln der Karibik, das australische Barriereriff, sie alle sind zu heiß begehrten Tauchzielen geworden. Doch gerade die tropischen Meere bergen für den Taucher eine Reihe von Gefahren, deren er sich bewusst sein muss. Überall dort, wo üppige Farbigkeit und skurrile Formen auf sich aufmerksam machen, kann man fast damit rechnen, dass sich unter dieser Bizarrheit für den

1

2

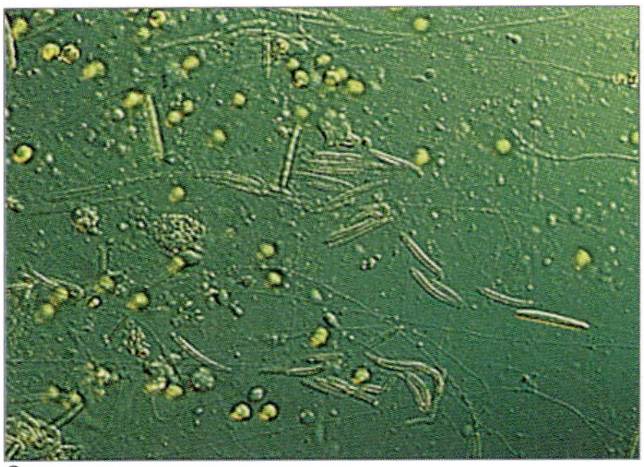
3

4

5

6

7

Gefährliche Meerestiere

1 Feuerqualle, Mittelmeer
2 Seeanemone, Mittelmeer
3 Nesselkapseln, abgeschlossen
4 Seeanemonenfeld, Mittelmeer
5 Plattenfeuerkoralle, Rotes Meer
6 Geweihfeuerkoralle, Karibik
7 Seewespe (Chironex), Pazifik

1

2

3

4

5

6

7

Gefährliche Meerestiere

1 Dornenkrone, Indo-Pazifik

2 Borstenwürmer, Mittelmeer

3 Giftiger Seeigel, Rotes Meer

4 Seeigelfeld, Mittelmeer

5 Giftige Kegelschnecken, Indo-Pazifik

6 Elektrischer Rochen, Rotes Meer

7 Stachel eines Rochen

1

2

3

4

5

6

7

Gefährliche Meerestiere

1 Stachelrochen, Karibik
2 Weißer Hai, Großes Barriereriff
3 Muräne, Mittelmeer
4 Barrakuda, Karibik
5 Rotfeuerfisch, Rotes Meer
6 Steinfisch, Rotes Meer
7 Drachenkopf, Mittelmeer

Taucher gefährliche Schönheiten verbergen. Feuerkorallen, nesselnde Quallen, giftige Seeigel oder mit Giftstacheln bewehrte Fische – sie alle werden ihre natürlichen Waffen auch gegen den Menschen einsetzen, wenn sie sich bedroht, in die Enge getrieben fühlen oder gar berührt werden. Diese Lebensformen sind keineswegs aggressiv und attackieren auch nicht den Taucher, wenn er sich wie ein Delfin im Wasser verhält, sich als Gast im Meer benimmt und nicht glaubt, alles mit den Händen ergreifen zu müssen. Tut er es dennoch, kann er sich gefährliche Verletzungen und Vergiftungen zuziehen. Darum sollte man in allen tropischen Meeren wirklich nichts anfassen, vor allem dann nicht, wenn man die Tier- oder Pflanzenart nicht kennt.

Es versteht sich von selbst, dass der Gewässer- und Artenschutz ein Herausnehmen von Tier- und Pflanzenformen verbietet. Die Souvenirs der Taucher sind ihre Erinnerungen und Bilder oder Filme.

In allen tropischen Gewässern sollten Sie sich auch über das Vorkommen von Haien informieren. Zwar sind viele Geschichten, die über Haie erzählt werden, reine Gruselstorys, als umsichtiger ABC- oder Gerätetaucher werden Sie sich aber stets der Gefahr durch Haiangriffe in tropischen Meeren bewusst sein müssen. Diese Gefahr ist für den ABC-Taucher an der Wasseroberfläche, der bis zu den Riffabhängen hinausgeschwommen ist, weitaus größer als für den Gerätetaucher. Gerade in den tropischen Meeren gilt es, die ABC-Tauchgänge auf die nächste Küstennähe zu beschränken. Dort, wo Einheimische warnen, sollte man diese Warnungen nicht außer Acht lassen und nie Haiabsperrungen um- oder überschwimmen, wenn sie vor eine Bucht gespannt sind.

Haibegegnungen gehören zu den großen Tauchabenteuern.

Besonders gefährliche Zeiten sind die frühen Morgen- und späten Nachmittagsstunden, in denen die Haie auf Beutesuche gehen. Auch Hafengebiete und nahe vorbeilaufende Schifffahrtslinien sind besondere Gefahrenzonen, da sich Haie nur zu gerne als Abfallfresser betätigen. Lassen Sie sich nicht durch Haifütterungen, die Sie im Film oder Fernsehen gesehen haben, zu ähnlichen Experimenten verleiten. Erst jahrelange Kenntnis eines Tauchplatzes macht es Tauchlehrern möglich, derartige, wenngleich umstrittene, so doch akrobatisch schöne Dressuren im freien Meer vorzuführen.

Als Letztes sollten Sie noch beachten, dass in den Tropen der Übergang vom Tag zur Nacht meist dämmerungsfrei und äußerst schnell vonstatten geht.

Hier dürfen Sie sich nicht verschätzen, wenn Sie am späten Nachmittag noch einen ABC-Tauchgang durchführen wollen. Informieren Sie sich auch stets über Gezeitenhöhe und Gezeitenablauf, damit Sie nicht zur falschen Zeit, nämlich mit Beginn der Ebbe, zum Tauchen gehen. Nur zu leicht werden Sie hier von der Strömung mit hinausgerissen und haben keine Chance, sich über Gischt und Brandung bemerkbar zu machen.

Prüfungen und Leistungsabzeichen

Kondition und die vielen kleinen Tricks, die Sie als ABC-Taucher kennen und beherrschen sollten, können Sie das ganze Jahr über bei einem der Tauchsportvereine oder bei einer Tauchschule einüben und trainieren. Hier leiten Sie erfahrene Ausbilder an, und Sie können Ihre Kenntnisse und Kondition in jedem Alter nachweisen und sich bescheinigen lassen. Für Kinder gibt es schon ab acht Jahren das Junior-Schnorchelbrevet der Stufen A und B, Jugendliche haben die Möglichkeit, Jugendabzeichen für das Flossenschwimmen in den Leistungsstufen Bronze, Silber und Gold zu erwerben, und für die Erwachsenen gibt es das Leistungsabzeichen für das Flossenschwimmen, ebenfalls in den Stufen Bronze, Silber und Gold. Mit diesen Breitensportabzeichen können Sie nachweisen, dass Sie ABC-tauchfit sind. Sie müssen diese Abzeichen in der Stufenreihenfolge Bronze, Silber, Gold ablegen, können aber jede Stufe beliebig oft wiederholen, sodass Sie Ihre Fitness kontrollieren, verbessern und über viele Jahre aufrechterhalten können. Diese Breitensportabzeichen sind für jedermann gedacht, das heißt, Sie können diese Abzeichen wie alle anderen Brevets erwerben, auch wenn Sie nicht Mitglied eines Vereins sind. Sie müssen nur die Prüfungsbedingungen erfüllen und sich diese von einem lizenzierten Jugendleiter, einem Übungsleiter, einem Trainer A oder B, einem Schwimmmeister oder einem geprüften Sportlehrer durch Unterschrift und Stempel sowie Eintragung der erreichten Leistung bestätigen lassen.

Insgesamt eignet sich das Sporttauchen bestens als Familiensport. Vielleicht kommen gerade Ihre Kinder mit dem Wunsch auf Sie zu, tauchen zu lernen. Vielleicht wollen Sie aber auch mit Ihren Kindern zusammen eine neue Erlebniswelt erschließen und sie mit diesem Sport bekannt machen.

Altersgrenzen für Kinder sind für das Schnorcheltauchen nur schwer anzugeben. Manche Mediziner sagen, wer schwimmen kann, darf auch mit dem Schnorchel atmen. Andere haben sich für das sechste Lebensjahr als Einstieg für das ABC-Tauchen ausgesprochen. Ganz allgemein darf man aber erwarten, dass, wenn die gesundheitlichen Voraussetzungen wie gesundes Herz-Kreislauf-System, intaktes Trommelfell, voll belüftete Nasen/Nebenhöhlen, gesunde Lungen und ein intakter Gleichgewichtssinn gegeben sind und die psychischen Voraussetzungen, das heißt intellektuelles Verständnis für das ABC-Tauchen, aufgebracht werden können, ein Kind auch mit dem ABC-Tauchen beginnen kann.

Sie werden selbst am besten entscheiden können, in welcher Entwicklungsstufe sich Ihr Kind gerade befindet. Sie kennen seine Bewegungsabläufe, Sie kennen sein Verständnis und seine heranreifende Zuverlässigkeit bei bestimmten Übungen und Fertigkeiten. Grundsätzlich sollte es aber möglichst ein spielerischer Einstieg für Ihr Kind sein. Alle Tauchsportanbieter berücksichtigen, dass Kinder im Alter von acht bis zwölf Jahren immer noch spielerisch zeigen wollen, dass sie dies oder jenes gelernt haben und beherrschen. Die Übungen für die ABC-Brevets, für die jeweils drei Versuche möglich sind, müssen innerhalb von vier Wochen erfüllt sein, dann wird das Brevet vom Prüfenden sofort nach bestandener Prüfung unterzeichnet und ausgehändigt.

Hier am Schnorchelbrevet A ein Beispiel für die Anforderungen eines solchen Brevettyps:

1. je 50 m Schnorcheln in der Bauch-, Seiten- und Rückenlage.
2. 15 m Streckentauchen ohne Startsprung
3. 20 Sekunden Zeittauchen
4. dreimaliges stilgerechtes Abtauchen
5. 50 m Transportschwimmen eines etwa gleich schweren Partners, wobei beide die ABC-Ausrüstung mitführen.

Apnoetauchen

In den letzten Jahren hat das Freitauchen unter dem Begriff Apnoetauchen immer mehr Anhänger gewonnen.

International werden hier ebenfalls Ausbildungen und Brevets, meist in * bis *** Sterne-Stufen angeboten.

Die CMAS-Apnoestufen beginnen bei

- 25 m Streckentauchen, verlangen
- in 5 m Tiefe 5 m weit tauchen und einen
- Freiwasserapnoetauchgang auf 8 m.

Für das CMAS*** oder Goldabzeichen sind schon

- 120 s Zeittauchen,
- 25 m Tieftauchen,
- in 5 m Tiefe 25 m weit tauchen und
- 60 m Streckentauchen gefordert,

natürlich alles eingebunden in die erforderliche Theorie.

Muckdiving

ist ein aus dem Englischen kommender und eigentlich nicht übersetzbarer Begriff. Seine freie Interpretation ist am ehesten mit »Tauchen mit der Lupe« zu erklären. Und tatsächlich entspricht diese Interpretation auch der Entstehungsgeschichte des »muckdiving«.

Weil die schlechte Sicht in plankton- und sedimentreichen Gewässern keine Hai-, Manta- geschweige denn UW-Landschaftsbeobachtungen zuließ, griffen Biologen und naturbegeisterte Taucher zur Lupe, um den Schlick und Schlamm (englisch: muck) genauer zu untersuchen. Ihre Ergebnisse waren verblüffend. Sie konnten über so viele neue Beobachtungen berichten, dass die mangels Sicht leer ausgegangenen Haibeobachter sprachlos waren, klammheimlich Lupen mitnahmen und nach den Tauchgängen mit ihren eigenen »muck«-Beobachtungen wieder mithalten konnten.

Zur Ehrenrettung vieler Biologen sei gesagt, dass die Idee nicht neu ist, aber eben mit dem Begriff »muckdiving«, aufgegriffen durch international anerkannte Tauchspezialisten wie Jack Jackson (siehe Literaturseite »Tauchatlas der Welt«), einen medienrelevanten Protagonisten gefunden hat.

Zur Überprüfung der Kondition kann man das Schnorchelabzeichen Bronze, Silber, Gold in jährlicher Wiederholung entsprechend dem Sportabzeichen machen.

5. Stufe: Ich lerne das Sporttauchen mit dem Druckluftgerät (DTG)

Taucher machen sich an der Rampe einer Rettungsbootstation für den Einstieg fertig.

Das Gerätetauchen eröffnet Ihnen gegenüber dem ABC-Tauchen neue Dimensionen. Mit der ABC-Ausrüstung kann man zwar bereits mit einfachen Mitteln die Welt unter Wasser beobachten, muss aber als Lungenatmer immer wieder zur Oberfläche auftauchen. Ruhige Tierbeobachtungen, gute Unterwasserfotos und -filme sind auf diese Weise kaum möglich. Zudem ist der Aktionsradius des ABC-Tauchers aufgrund des geringen Luftvorrats in den Lungen zeitlich und räumlich stark eingeschränkt. Sporttaucher wissen dem abzuhelfen. Sie pressen die normale Atemluft mit Hilfe eines Hochdruckkompressors in Stahl- oder Aluminiumflaschen und nehmen diesen komprimierten Luftvorrat mit unter Wasser.

Mit Hilfe eines Atemreglers , im allgemeinen Sprachgebrauch als Lungenautomat bezeichnet, der an das Flaschenventil angeschlossen wird, kann man jetzt auch unter Wasser durch den Mund so leicht atmen wie an Land. Mit diesem Luftvorratspaket, das meist mehrere tausend Liter Luft enthält, kann man nun längere Zeit unter Wasser bleiben. Auch wenn wir hier versuchen, Ihnen die wichtigsten Fakten und Tatsachen, die Geräte und Vorschriftsmaßnahmen des Sporttauchens mit dem Presslufttauchgerät zu erläutern, so können wir doch niemals ein ausführliches Lehrbuch ersetzen. Wir wollen Sie aber zum Sporttauchen anregen. Es sei auch davor gewarnt, den Versuch zu machen, sich das Sporttauchen, besonders das Gerätetauchen, selbst beizubringen. Zu leicht übersieht man die Gefahrenmomente, und zu leicht schleichen sich Unachtsamkeiten und Fehler ein, die tödliche Folgen haben können. Es wäre also falsch, sich mit oder nach der Lektüre dieses Buches in das nächste Geschäft zu begeben, eine vollständige Taucherausrüstung zu kaufen und alleine ohne Hilfe mit dem Sporttauchen zu beginnen.

Hier unterscheidet sich das Gerätetauchen wesentlich vom ABC-Tauchen. Die beim ABC-Tauchen auftretenden Druckunterschiede, die Problemsituationen mit luftgefüllten Körperhohlräumen und die Einflüsse auf die komplizierten Atemregulationsvorgänge verstärken sich beim Gerätetauchen entscheidend. So bedarf es einer intensiven Anleitung plus Schulung, wie Sie sie bei den Tauchsport betreibenden Vereinen, bei lizenzierten Tauchschulen und Tauchbasen finden. Sie können auch hier wieder einen sicher einleuchtenden Alltagsvergleich zu Rate ziehen. Laufen lernen entspricht dem Schwimmen, ABC-Tauchen vielleicht dem Fahrradfahren, aber in dem Moment, in dem Sie sich mit technischem Zusatzgerät wie einem Motor in den Verkehr wagen, bedürfen Sie einer vielseitigen, umfassenden Schulung. Auch mit bestandener Prüfung sind Sie noch kein vollkommener Auto- oder Motorradfahrer. Erst im Laufe der Jahre und durch praktische Übung können Sie zu einem perfekten Verkehrsteilnehmer heranreifen.

Entsprechend kann man diese Situation auf das Sporttauchen übertragen. Auch hier bedarf es einer umfassenden Schulung, kombiniert mit fundiertem, medizinischem und physikalischem Wissen. Technisches Verständnis für die eingesetzten Geräte sollte so selbstverständlich sein wie deren Handhabung bei den Tauchgängen. Selbst wenn Ihnen nach Prüfungen bescheinigt wird, dass Sie Sporttauchen können, sollte Ihnen immer bewusst sein, dass Sie erst durch Erfahrung und Übung auch wirklich eine gewisse Perfektion dieser Sportart erreichen.

Darum sollten Sie hier den Weg der Vernunft wählen und die entsprechenden international anerkannten Sporttauchscheine wie z.B. CMAS*, Openwaterdiver von PADI sowie die nachfolgenden Weiterbildungsstufen und die damit verbundenen Spezialkenntnisse erwerben. Diese Tauchsportabzeichen, die es in verschiedenen Schwierigkeitsgraden gibt, werden entsprechend einer Äquivalenzliste von den Tauchsportorganisationen, in den meisten Nationen anerkannt, und ihr Nachweis ist vielerorts bereits die Voraussetzung, um überhaupt tauchen zu dürfen. Angeleitete Schulungen sind hier ebenso erlaubt wie Schulungen mit dem Fahrlehrer im öffentlichen Straßennetz.

Eine Besonderheit bieten die Deutschen Tauchsportabzeichen, die vom Deutschen Sportbund und von der CMAS (Confédération Mondiale des Activités Subaquatiques) anerkannt sind und vom Verband Deutscher Sporttaucher e.V. (VDST) in die internationalen adäquaten CMAS-Brevets umgeschrieben werden können. Ähnliche Regelungen gibt es auch für die Rettungstaucherscheine von DLRG und Wasserwacht.

Grundausrüstung des Sporttauchers

Im nachfolgenden Text wollen wir unter Sporttauchen, im Unterschied zum ABC-Tauchen, das Tauchen mit dem Druckluftgerät verstehen. Selbstverständlich ist auch hier die ABC-Ausrüstung wieder Grundbestandteil. Haben Sie sich dazu noch für einen kompletten Tauchanzug mit Füßlingen entschieden, sollten Sie allerdings Flossen ohne geschlossenes Fersenteil mit Halteband benutzen. Vergleichen wir die Ausrüstung des Gerätetauchers mit der Technik im Auto, so lässt sich bei einer Taucherausrüstung der Tiefenmesser dem Tachometer des Autos gleichsetzen. Der Benzinuhr würde ein Luftvorratsanzeiger, das Finimeter, entsprechen, dem Bordwerkzeug das Tauchermesser. Dem Sicherheitssystem eines Autos käme die Tarierweste am nächsten, dem Tank das Drucklufttauchgerät, und den richtigen Atemdruck liefert der Atemregler. Hinzu kommt noch ein Kälteschutz, der Taucheranzug, ein moderner Tauchcomputer, die Taucheruhr und nicht zuletzt für die gute Schwimmlage, das heißt das richtige Austariertsein, einige Ausgleichsbleigewichte.

Tauchanzug

Schon für den ABC-Taucher wird der zu lange Aufenthalt im Wasser zu einem Kälteproblem. In Nord- und Ostsee oder unseren Binnengewässern kühlt man schnell aus und friert. Hier hilft nur ein vernünftiger Kälteschutz. Selbst in den Tropen macht sich bei einem längeren Aufenthalt im oder unter Wasser die Kälte bemerkbar, wenngleich sich hier beim ABC-Tauchen oft der Schutz vor Sonne und Auskühlung die Waage halten. So wird ein vernünftiger Kälteschutz als erste Erweiterung der Ausrüstung

Heute bieten die Tauchartikelhersteller Neoprenmaterialien für jede auch noch so extreme Schutzanforderung.

Overall

Long John

Jacke

eines ABC-Tauchers anfallen. Dies gilt vor allem für diejenigen, die nicht von der Stange kaufen oder bei einer Tauchschule einen Anzug leihen können, sondern Maßanfertigungen brauchen.
Der Anfänger wird sicher mit dem Nasstauchanzug aus Neopren beginnen. Neopren gibt es in Stärken von 2,5 bis 7 mm mit einer dem entsprechenden Wärmeisolierung. Das Prinzip dieser Nasstauchanzüge ist eigentlich adäquat zu unserer Normalkleidung: Nasstauchanzug bedeutet, dass man am ganzen Körper nass wird, so wie auch bei der normalen Kleidung Luft an alle Körperteile gelangt. Die Kleidung verhindert, dass die vom Körper aufgewärmte Luft zu schnell wieder an die Umgebung abgegeben wird – wir frieren nicht. Auf ähnliche Weise wirken auch die Nasstauchanzüge. Über die Körpertemperatur wird das zwischen Körper und Anzug befindliche Wasser aufgewärmt, und der richtig sitzende Tauchanzug verhindert einen zu raschen Austausch des warmen Wassers mit dem Umgebungswasser. Vergewissern Sie sich beim Kauf eines Anzuges, dass er gut sitzt und Sie ihn bequem anziehen können. Niemals darf der Anzug Sie in der Atmung oder in der Bewegung behindern und einengen.
Für welchen Typ von Nasstauchanzug man sich entscheidet, ist Geschmacksache. Ich selbst habe immer einen Overall mit Kopfhaube bevorzugt und dazu für kältere Gewässer ein zusätzliche Weste übergezogen. Und ich habe immer 7 mm Neopren gewählt und auch von der Nordsee bis zum Äquator in allen Meeren damit getaucht. Wohlig warm eingepackt fühle ich mich einfach am wohlsten. Und da ich meinen Anzug kenne, ist die Tarierung kein Problem. Doch wie gesagt, viele tauchen in den Tropen auch nur mit einem 2,5-mm-Shorty (Anzug mit kurzen Hosen und kurzen Ärmeln).
Für kalte Gewässer bietet die Tauchsportindustrie neben dicken Nasstauchanzügen von 7 mm Anzugstärke auch Trockentauchanzüge bzw. Halbtrockentauchanzüge an. Der wesentliche Unterschied liegt darin, dass man mit diesen

Overall mit und ohne Kopfhaube und extra Jacke.

Overall ohne Kopfhaube.

Shorty oder auch Surfanzug.

Halbtrockentauchanzug mit Manschetten und extra Kopfhaube.

Volltrockentauchanzug mit extra Kopfhaube.

Trockentauchanzügen an den umschlossenen Körperteilen nicht nass wird. Gummimanschetten dichten die Anzüge an den Einschlupfstellen so ab, dass man unter diesen Gummianzügen trockene, wärmende Wollunterwäsche anziehen kann. Solche Trockentauchanzüge erfordern bereits eine erheblich erweiterte Grundausbildung im Sporttauchen, sind darüber hinaus um einiges teurer als die Nasstauchanzüge und in warmen Gewässern sind sie nur bedingt zu verwenden. Hier käme es zu leicht zu einem Hitzestau.

Handschuhe und Füßlinge

Auch bei einem Nasstauchanzug erfordert ein auf die entsprechenden Gewässer abgestimmter Kälteschutz neben einer Kopfhaube noch Neopren-Handschuhe und -Füßlinge. Bei den Handschuhen sollten Sie auf leichten Schlupf beim An- und Ausziehen achten.

Kalt- und Warmwasserhandschuhe mit fünf Fingern.

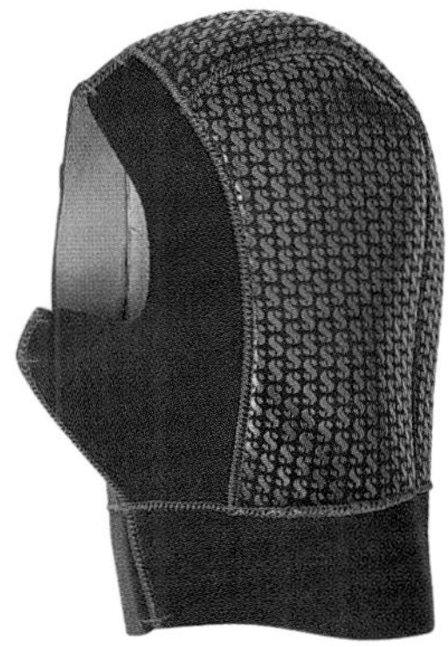

Superstretch-Kopfhaube.

Ob alle Finger einzeln oder nur zwei oder drei frei beweglich sind ist mehr Geschmacksache.

Bei den Füßlingen unterscheidet man solche mit weichen Sohlen von solchen mit fester Laufsohle. Letztere erfordern offene Flossen mit Fersenband, bieten aber den Vorteil, dass man sie auch auf dem Weg über den Strand oder die Felsen tragen kann.

Drucklufttauchgerät (DTG)

Selbstverständlich gibt es für die Drucklufttauchgeräte (DTG), die oft auch als Presslufttauchgeräte (PTG) bezeichnet werden, genaue sicherheitstechnische Anforderungen, die in einer DIN- und entsprechenden EU-Norm festgelegt sind. Die in den Tauchsportfachgeschäften angebotenen Geräte entsprechen in Deutschland diesen Vorschriften. Im Allgemeinen geht man davon aus, dass zu einem Drucklufttauchgerät die Druckluftflasche mit Ventil und der Atemregler gehören.

Der häufigste Fehler, der übrigens im Zusammenhang mit Berichten über das Sporttauchen gemacht wird, ist die falsche Interpretation dieser Druckluftfla-

Taucher mit Doppelflaschengerät (2 x 10l) und einer 15l-Einzelflasche.

schen. Sie enthalten nur zusammengepresste normale Luft, keineswegs, wie meist geschrieben wird, reinen Sauerstoff. Sauerstoffgeräte sind vollkommen anders aufgebaut und für den Sporttaucher ungeeignet. In der zusammengepressten Luft befindet sich natürlich der lebensnotwendige Sauerstoff, aber nur in einem Anteil von 21%, so wie in der normalen atmosphärischen Luft. Wenn Sie sich vorstellen, dass der Druck in einem solchen Tauchgerät, der so genannte Fülldruck, mehr als 50-mal so groß ist wie der Druck in einem Autoreifen, so wird Ihnen sicherlich verständlich, dass dieses Gerät technisch immer in einwandfreiem Zustand sein muss. Tauchgeräte unterliegen deshalb in vielen Ländern einer technischen Prüfungsabnahme, und zwar je nach Material der Druckluftflasche: bei Stahlflaschen in Deutschland alle zwei Jahre und bei Aluminiumflaschen alle sechs Jahre. Ergebnis und Prüfdatum sind mit einem Prüfstempel auf den Flaschen zu sehen. Hier wurden nun schon zwei Flaschentypen angesprochen, die sich in ihrem Material unterscheiden. Die klassische Druckluftflasche ist aus Stahl und wird nach bauartlicher Zulassung mit 200 bis 300 bar beschickt. Allgemein üblich sind die 200-bar-Geräte.

Weltweit trifft man auch heute noch Stahlflaschen am häufigsten an, da sich Vor- und Nachteile von Aluminiumflaschen gegenüber Stahlflaschen aufzuwiegen scheinen und Stahlflaschen einfach billiger sind. Der Anfänger sollte allerdings darauf achten, dass die beiden Druckluftflaschentypen aufgrund ihrer unterschiedlichen Eigenschaften einer unterschiedlichen Austarierung bedürfen. Von der Erfahrung her scheinen mir aber die Anfänger mit Aluminiumflaschen die größeren Probleme zu haben, da bei diesen Flaschen am Ende des Tauchgangs der größere Auftrieb vorherrscht.

Das Wichtigste ist jedoch, dass die Druckluftflaschen, die Ihnen angeboten oder zur Ausbildung überlassen werden, in einwandfreiem Zustand sind und die erforderlichen Sicherheitsprüfungen in den vorgeschriebenen Zeiteinheiten erhalten haben. Natürlich können Druckluftflaschen, die Sie im Verlaufe einer Sommersaison an einer Basis oder in einer Tauchschule überlassen bekommen, durch den Gebrauch äußerliche Spuren von Flugrost aufweisen, doch sollte dies nicht im Bereich der Flaschenhälse, also der Ventilansätze, der Fall sein. Sie werden selbst erkennen, ob es sich hier um einen, fortschreitenden Lochfraß oder nur um einen Kratzer handelt, der oberflächlich in den letzten Tagen angerostet ist. Je sauberer allerdings die Geräte sind, je besser gewartet sie dastehen, umso sicherer sind sie auch in ihrem Gebrauch.

Am gebräuchlichsten sind die Druckluftflaschen der Abstufungen mit 7, 10, 12 und 15 l Volumeninhalt. Als Standardgerät benutzen viele Sporttaucher das 12-l-Gerät, ein Monogerät, zu dem eine Druckluftflasche, versehen mit einem Ventil und einem Standfuß aus Hartgummi sowie der dazu gehörige Atemregler gehören. Dies ist auch meist das Gerät, das an Tauchbasen dem Tauchschüler oder dem ausgebildeten Taucher angeboten wird. Insgesamt gilt es bei der Auswahl der Flaschenvolumengrößen eine Abstimmung mit dem Tauchvorhaben zu finden. Viele Taucher, die sich ihre eigenen Geräte angeschafft haben, sind von der Sicherheit von Flaschenpaketen überzeugt. Diese bestehen im Normalfall aus zwei Druckluftflaschen, die über eine Brücke miteinander verbunden sind. Aus Sicherheits- und Gleichgewichtsgründen müssen im Wasser immer zwei baugleiche Druckluftflaschen miteinander verbunden werden.

Vor- und Nachteile dieser Systeme lassen sich schnell aufzählen, denn logischerweise enthalten Doppelgeräte mehr Raumvolumen als Einzelgeräte. Der Luftvorrat, den man mit unter Wasser nehmen kann, ist zwar dementsprechend größer, allerdings sind diese Geräte weitaus unhandlicher und an Land schwerer zu transportieren. Im Wasser wird dieser Nachteil durch den Auftrieb des Wassers ausgeglichen, der die Handhabung aller Geräte gleichermaßen vereinfacht. Damit Sie aber eine Vorstellung davon gewinnen, was diese Flaschengrößen bedeuten, hier einige Beispiele:

Bei einem Volumen von 10 l enthält ein Pressluftgerät bei einem Druck von 200 bar 2.000 barl.

Was würde dies für Sie bedeuten? Angenommen, Sie sitzen ruhig im Sessel, stellen das Tauchgerät vorsichtig hin, öffnen nach dem Anschluss des Atemreglers das Ventil und atmen nun nicht direkt aus der Luft, sondern über den Atemregler die Luft aus dem Tauchgerät. Angenommen, Sie atmen ruhig und zügig weiter, dann würden Sie pro Atemzug vielleicht 3 l Luft aus der Flasche entnehmen. Bei ruhiger Atmung atmen Sie etwa 5 mal in der Minute, was einem Atemminutenvolumen von 3 l x 5 = 15 l gleichkommt. In der Flasche haben Sie 2000 barl Vorrat, also könnten Sie aus dieser Flasche am Schreibtisch sitzend hiermit unter den vorher beschriebenen Bedingungen 2000 : 15 = 133,3 Minuten (oder vereinfacht gesagt etwas mehr als 2 Stunden und 10 Minuten) atmen.

Stellen Sie sich jetzt vor, Sie würden nicht

gemütlich im Sessel sitzen, sondern mit dem Gerät auf dem Rücken einen Dauerlauf machen und müssten dabei tief und oft durchatmen. Nehmen wir an, Sie würden jetzt l0 mal in der Minute atmen und dabei jeweils 5 l Luft aus der Vorratsflasche benötigen. Dies würde bedeuten, Sie verbrauchen in der Minute 50 l Luft. Umgerechnet auf Ihr Flaschenvolumen von 2000 barl, wäre der Luftvorrat bereits nach 40 Minuten aufgebraucht. Dies sind zwei einfache Beispiele, die Ihnen zeigen, dass die Bewertung der Flaschengröße auf die individuellen Ansprüche abgestimmt sein muss.

Ein trainierter Läufer würde im oben genannten Beispiel nur etwa 8-mal in der Minute atmen und dabei 4 l Luft austauschen. Das heißt, er hätte ein Atemminutenvolumen von 32 l. Bezogen auf die Druckluftflasche mit einem Vorrat von 2000 barl käme ein Trainierter damit dann 62,5 Minuten aus, also etwas mehr als 1 Stunde. Beim Tauchen muss man allerdings berücksichtigen, dass sich mit zunehmender Tiefe aufgrund der über dem Taucher befindlichen Wassersäule die Druckverhältnisse ändern und nach dem Gesetz von Boyle-Mariotte (s. Seite 111) Druckänderungen gleichzeitig Volumenänderungen nach sich ziehen. Unverändert bleibt lediglich das Fassungsvermögen der Druckluftflasche, denn dieses ist nach dem obigen Beispiel konstant bei 10 l. Je mehr Luft aus der Flasche entnommen wird, desto geringer wird der Druck in der Flasche (s. Seite 108).

Anders ist es beim Verbrauch der Luft durch den Taucher. Die luftgefüllten Hohlräume des Tauchers (siehe Seite 87) unterliegen den äußeren Bedingungen und sind vom Umgebungsdruck abhängig. Verlegen wir die vorherigen Rechnungen in 20 m Wassertiefe, so ergeben sich folgende Rechenbeispiele:
In 20 m Tiefe wirken:

- der normale Luftdruck (1 bar)
- zusätzlich der Druck einer 20 m hohen Wassersäule (2 bar).

Dies ergibt zusammen:
1 bar + 2 bar = 3 bar Umgebungsdruck.
In der Tiefe von 20 m würden die verbrauchten Luftmengen 5 (Atemzüge) · 3 (l Luftverbrauch) · 3 (bar Umgebungsdruck) = 45 barl (Atemminutenvolumen-Luft) bedeuten; oder eine Atemzeit von 44,4 Minuten. Der Luftvorrat würde folglich in dieser Tiefe von ca. 133 Minuten auf 44 Minuten beschränkt werden. Bei diesem Beispiel ist allerdings noch nicht berücksichtigt, dass Sie nicht die gesamte errechnete Zeit in dieser Tiefe verbringen können. Einerseits müssen Sie erst einmal diese Tiefe antauchen, zum anderen müssen Sie aber auch wieder auftauchen, und des Weiteren gilt es noch, das Lösungsverhalten der Atemgase bezüglich Tauchtiefe und Tauchzeit zu berücksichtigen. So werden eventuell aus Sicherheitsgründen wesentlich längere Auftauchzeiten als das reine Emporschwimmen aus 20 m Tiefe erforderlich. Planen Sie deshalb eine Sicherheitsreserve ein, indem Sie von der in diesem Fall errechneten möglichen maximalen Verweildauer ein Fünftel der Gesamtzeit abziehen müssten.

Im rein physikalischen Sinne stellen diese Beispiele aber nur eine starke Vereinfachung der wirklichen Abläufe dar. So spielt bei den Gasen neben dem Verhältnis von Druck zu Volumen insbesondere auch die Temperatur eine große Rolle. Diese Gesetzmäßigkeit, die von Gay-Lussac (siehe Seite 112) entdeckt wurde, formuliert das Verhältnis von Druck zur Temperatur bei gleich bleibendem Gasvolumen. Hierzu ein Beispiel: Eine Druckluftflasche mit einem Innenvolumen von 10 l kann als konstante Volumeneinheit angesehen werden. Wird das Gas in dieser Flasche zum Beispiel durch intensive Sonneneinstrahlung erwärmt, so wissen wir aus der Erfahrung mit einem Fieberthermometer, dass sich Stoffe und insbesondere Gase mit zunehmender Temperatur stark auszudehnen versuchen. Bleibt das Volumen hingegen konstant, kann sich nur der Druck ändern. Das heißt übertragen auf die Tauchsituation: Die starrwandige Druckluftflasche muss aufgrund ihrer Konstruktionsweise selbstverständlich ihr Volumen beibehalten, und folglich steigt der Druck in der Flasche entsprechend an. So ergeben sich durch diese von Gay-Lussac beschriebenen Vorgänge Unterschiede, die beachtlich sein können. Zeigt beispielsweise das Prüfmanometer (ein Gerät, mit dem man den Druck in einer Flasche prüfen kann) einen Druck von 210 bar bei einer beim Füllen durchaus erreichbaren Flaschentemperatur von 45 °C an, und bringt man diese Flasche danach in 12 °C kaltes Wasser, so wird das Ausdehnungsbestreben des Gases, also der Luft in dieser Flasche, wieder zurückgehen, und der Ausschlag am Prüfmanometer ändert sich. Der vorherige Fülldruck von 210 bar sinkt bei 12 °C auf 188 bar. Übrigens eine Temperatur, wie sie in den nördlichen Meeren und den heimischen Seen keine Seltenheit ist. Würde sich andererseits in der Flasche nicht der Druck ändern, sondern das Volumen, dann müsste – entsprechend den Temperaturschwankungen – eine Stahlflasche entweder bei Unterdruck kleiner werden oder sich bei Überdruck aufblähen. Allerdings sind diese Möglichkeiten aufgrund der Konstruktion der Stahlflasche nahezu ausgeschlossen. Die auftretenden Volumenänderungen sind so minimal, dass sie vernachlässigbar sind.

Die Betrachtungen dürften auch dem physikalisch wenig Bewanderten die Zusammenhänge von Gasdruck und Temperatur, die in den Gesetzen von Boyle-Mariotte, Gay-Lussac und Dalton zusammengefasst sind, einigermaßen verständlich erklären. Dalton fasste seine Erkenntnisse in folgender Aussage zusammen:

Der Gesamtdruck eines Gases ist die Summe der Teildrücke seiner Bestandteile.

Der Gesamtdruck der Luft setzt sich demnach aus den Teildrücken Stickstoff (78% = 0,78 bar Partialdruck), Sauerstoff (21% = 0,21 bar Partialruck) und einem Restteildruck von 0,01 bar zusammen, entsprechend einem 1%igen Anteil am Gesamtgemisch für die Edelgase und Kohlendioxid. Wichtig sind diese Partialdrücke für die Löslichkeit der Gase in Flüssigkeiten. Zum besseren Verständnis ein Beispiel aus dem Alltag:

Warmer Sprudel schmeckt schal, weil nur noch wenig Kohlendioxid in dieser Flüssigkeit enthalten ist. Kalter Sprudel dagegen schmeckt erfrischend, weil hier noch viele Kohlendioxidteilchen enthalten sind. Andererseits sind unter Druck bei gleicher Temperatur in der Flasche die Kohlendioxidteilchen physikalisch und chemisch gelöst, solange die Flasche geschlossen ist. Mindern wir den Druck durch Öffnen der Flasche, so entweicht das Kohlendioxid. Lassen wir darüber hinaus die Flasche lange offen stehen, so stellt sich nach und nach ein Gleichgewicht zwischen dem Sprudel und der darüber befindlichen atmosphärischen Luft ein.

Da der Luftanteil an Kohlendioxid weit unter 0,1 % liegt, wird dieses Gleichgewicht deshalb nur noch einen äußerst geringen Lösungsanteil von Kohlendioxid im Sprudel belassen, der dadurch nicht mehr frisch, sondern schal wie warmer Sprudel schmeckt.
Selbstverständlich können diese Beispiele eine fundierte Ausbildung und Auseinandersetzung mit den Gasgesetzen nicht ersetzen. Aber ich möchte Sie auch nur durch einfache Alltagsbeispiele bei Ihrem Einstieg in das Sporttauchen mit dem Drucklufttauchgerät begleiten.
Hierzu trotzdem noch ein Hinweis auf eine weitere wichtige Eigenschaft von Gasen. Werden Gase zusammengepresst, also von einem größeren Volumen auf ein kleines Volumen gebracht, wie dies zum Beispiel beim Füllen von Presslufttauchgeräten passiert, so erwärmen sich diese Gase, und die Geräte werden erheblich erwärmt. Um diese Erwärmung nicht zu groß werden zu lassen und damit auch später eine zu große Differenz zwischen Anfangsfülldruck und Fülldruck bei Normal- oder Wassertemperatur zu haben, kühlt man Tauchgeräte wenn irgendwie möglich während des Füllungsvorganges in einem Wassertrog. Zusätzlich wirkt ein Wassertrog natürlich auch als Schutz im Falle eines Unfalls.
Wenn man andererseits Gase entspannt, das heißt, wenn man sie vom hohen Flaschendruck von ca. 200 bar auf den Umgebungsdruck der äußeren Luft oder auf den Druck der Tauchtiefe bringt, wie dies über Ventil- und Lungenautomat geschieht, kühlt sich das Gas ab. Dieser so genannte Joule-Thomson-Effekt könnte unter ungünstigsten Bedingungen sogar zu einem Einfrieren der ersten druckmindernden Stufe des Atemreglers führen. Auch hierfür ein Beispiel aus der Praxis: Lassen Sie im Freien (das Zischgeräusch ist recht unangenehm) etwa eine Minute lang die Atemluft aus dem Ventil des Tauchgerätes ausströmen. Sie werden erkennen können, dass sich auf der Flasche durch Abkühlung Kondenswasser bildet.
Verbleibt noch ein letzter Hinweis auf die Füllung der Flaschen. Kontrollieren Sie, dass die Flaschen sachkundig gefüllt werden. Beobachten Sie vor allem, wohin die Abgase des Füllkompressors geleitet werden, falls dieser mit einem Benzinmotor betrieben wird. Sie atmen letztendlich diese Luft ein und müssen sicher sein, dass Ihre Atemluft für den Tauchvorgang auch sauber ist. Bei benzinigem oder öligem Geschmack der Atemluft sollten Sie den Tauchgang abbrechen und den Tauchlehrer oder Tauchführer auf diesen Missstand aufmerksam machen. In einer richtig geführten Tauchschule wird Ihnen dies aber nie passieren.

Ventil und Atemregler

Nach dem Sie einiges über die Druckverhältnisse bei Drucklufttauchgeräten erfahren haben, hier einige Hinweise auf die einzelnen Bestandteile eines Drucklufttauchgerätes, zu dem, wie eingangs erwähnt, auch das Flaschenventil mit dem Anschluss für den Atemregler gehört. Diese Ventile sind leicht zu bedienen. Sie sollten niemals große Kraftanstrengungen machen müssen, um das Ventil abzudichten oder zu öffnen, da hierbei nur allzu leicht die Gewinde des Ventils beschädigt werden können.
Die Prinzipien solcher Ventile sind relativ einfach. Man unterscheidet Spindelventile und Kugelventile. Bei Ersteren werden mit Hilfe eines Schraubknopfes mechanisch bewegliche Teile im Ventilinneren

aufeinander gepresst, sodass die Flasche geschlossen ist, oder durch Öffnen des Ventils wird dem Gasdruck aus der Flasche etwas nachgegeben, um so aus der jetzt offenen Ventildüse Gas ausströmen zu lassen. Beim Kugelventil wird bei der Drehung nur ein Kippschalter umgelegt. An diesen Ventilen könnten Sie allerdings noch nicht atmen. Darum setzen Sie einen Atemregler an das Ventil, der über zwei Stufen den Flaschendruck auf den für Sie erforderlichen Umgebungsdruck herabmindert. Durch Gummimembranen an der zweiten Stufe (das ist die Stufe, die sich im Mundstück befindet) wird wiederum automatisch der Außendruck auf diese Stufe übertragen und so der Luftdruck des Atemgases entsprechend dem herrschenden Außendruck beim Tauchen reguliert. Diese Druckminderungsvorgänge verlaufen so, dass bei der ersten Stufe der Druck über ein Ventil auf ca. 7 bis 13 bar über den Umgebungsdruck reduziert wird. Über einen Mitteldruckschlauch ist diese erste Stufe, die an der Druckluftlasche sitzt, mit der zweiten Stufe verbunden.

Durch Ihren Atemzug verursachen Sie nun in dieser zweiten Stufe einen Unterdruck und setzen so den Luftstrom für die

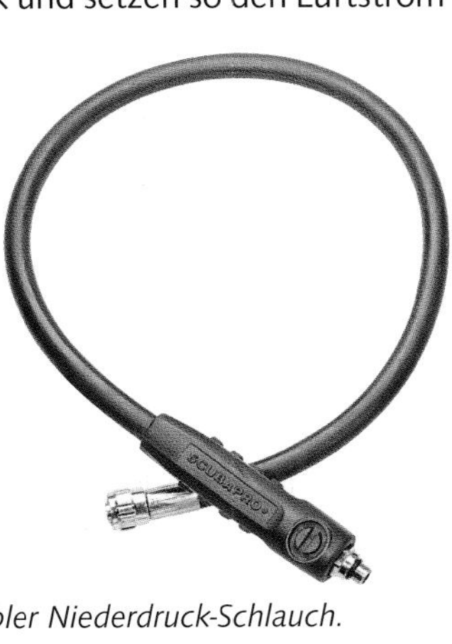

Flexibler Niederdruck-Schlauch.

2. Stufe mit Blasenabweiser.

Atmung frei. Technisch gibt es dabei eine Menge von Einzelheiten zu beachten, da diese Druckminderungen aufs genaueste aufeinander abgestimmt sein müssen. Es ist daher anzuraten, die Atemregler regelmäßig vom Fachmann warten zu lassen. Für den Laien ist es hier nicht angebracht, selbst Hand anzulegen, denn allzu schnell werden durch Fehleinstellungen gefährliche Tauchsituationen hervorgerufen. Es würde zu weit führen, hier alle Regelmechanismen solcher Lungenautomaten aufzuzeigen. Hier empfiehlt es sich unbedingt, Gebrauchs- und Pflegeanweisungen der Atemregler genau zu studieren und sich anhand der Bedienungsanleitung mit den Geräten und ihrer Funktion genauestens vertraut zu machen. Sie werden umsichtig genug sein, dieses lebenswichtige Verbindungsstück zu Ihrem Atemvorrat sorgsam zu pflegen und schonend zu behandeln. Dies gilt natürlich auch für die Zusatzinstrumente, wie zum Beispiel das Finimeter, das an der ersten Stufe des Atemreglers angebracht ist.

Noch ein wichtiger Hinweis zu den Flaschenanschlüssen: Leider gibt es bei

1. Stufe mit DIN-Anschluss.

1. Stufe mit INT-Anschluss.

Atemreglern, Druckluftflaschen und Ventilen teilweise unterschiedliche Gewinde- und Anschlussnormen. In Deutschland werden im Allgemeinen durchweg DIN-gerechte Anschlüsse verwendet, im Ausland findet man dagegen häufig so genannte internationale Anschlüsse (INT). Für beide Systeme gibt es aber Adapter, sodass hier eine gewisse Kompatibilität geschaffen ist.
Zur eigenen Sicherheit sollten Sie darauf Acht geben, ein Ventil am Tauchgerät zu haben, an das neben dem Finimeter und einem Lungenautomat noch ein zweiter Sicherheitsautomat angeschlossen werden kann.

Druckluftmessgeräte

Es hat sich als sinnvoll erwiesen, beim Tauchen nichts dem Zufall zu überlassen, und so konnten zwei Systeme zur Messung der Druckluft im modernen Sporttauchen Eingang finden. Zum einen ist dies ein normales Prüfmanometer, mit dem man direkt am Ventil den Flaschendruck prüfen kann. Zum anderen ist es ein über die erste Stufe des Atemreglers mit der Flasche verbundenes Finimeter. Hierbei handelt es sich praktisch um ein wasserdichtes Manometer, das über einen Hochdruckschlauch mit dieser ersten Stufe verbunden ist. An diesem Finimeter können Sie jederzeit den in der Flasche herrschenden Druck ablesen und, da Ihnen das Volumen der Flasche bekannt ist, daraus den noch in der Flasche befindlichen Luftvorrat berechnen. Hierzu ein Beispiel:
Zeigt das Finimeter 83 bar, dann wissen Sie, dass in Ihrem Presslufttauchgerät noch ein Vorrat von 830 barl ist. Dies bedeutet allerdings nicht, dass Ihnen diese 830 barl voll zur Verfügung stehen,

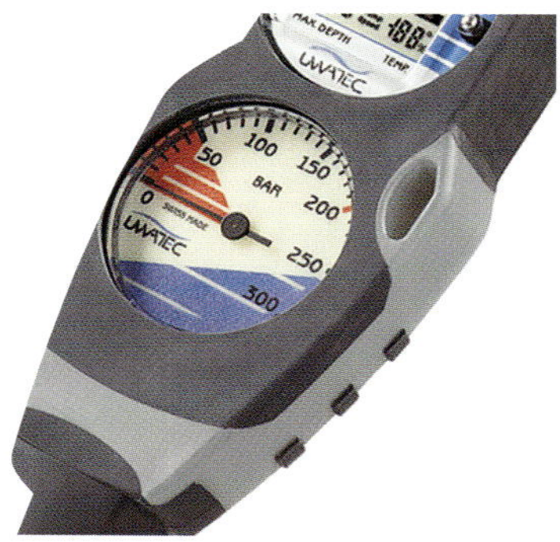

UW-Manometer mit 50 bar Sicherheitshinweis.

Kompaktkonsole mit Tiefenmesser und UW-Manometer.

da ein Tauchgerät nicht ganz leer geatmet werden soll. Dies hat zwei Gründe: Erstens darf nie Wasser in das Gerät eindringen können, was dann möglich wäre, und zweitens sollte sich der umsichtige Taucher immer vergewissern, dass ein Restvorrat an Luft zur Verfügung steht. Sie fahren ja auch nicht mit dem letzten Tropfen auf der Autobahn, sondern Sie werden rechtzeitig wieder nachtanken.
Auf eine Mindestforderung aber möchte ich bei den Finimetern noch hinweisen. Bei 50 bar sollte eine deutliche Markierung erkennbar sein, und zudem sollte der Anzeigebereich der Manometer den Flaschenfülldruck um mindestens 50 bar übersteigen. Aus Sicherheitsgründen sollte man auch nur Finimeter verwenden, die am Ansatz des Hochdruckschlauches zur ersten Stufe des Lungenautomaten eine Drossel besitzen, die im Falle einer Beschädigung des Druckschlauches die ausströmende Luftmenge auf 30 l/min begrenzt. Sie haben dann immer noch genügend Zeit, um den Tauchgang in Ruhe zu beenden.

Klassischer Tiefenmesser mit großer Spreizung von Null bis 12 m.

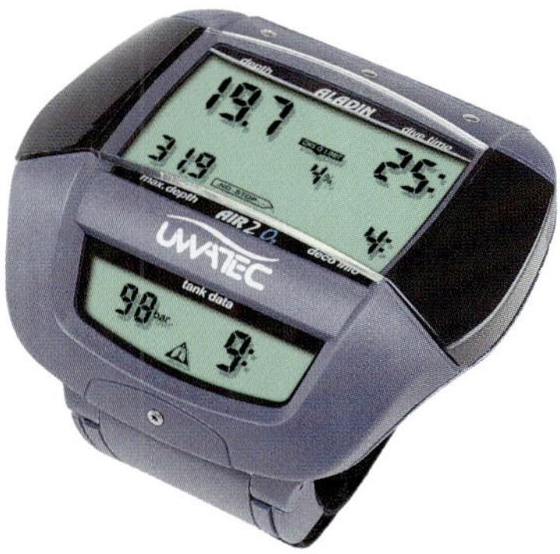

Moderne Tauchcomputer bieten den Komfort eines Cockpits.

Tiefenmesser

Genauso wichtig wie ein Finimeter, das Ihnen die Luftvorräte unter Wasser anzeigt, ist ein exakt arbeitender Tiefenmesser. Auf die verschiedensten Prinzipien dieser Tiefenmesser wird hier nicht eingegangen. Entscheidend ist, dass im Bereich der Dekompressionsstufe (siehe Seite 91), also von 0 über 3, 6, 9, 12 bis 15 m, eine ausreichende Spreizung der Skala erfolgt, sodass hier ein genaues Ablesen möglich ist. Es ist nicht erforderlich, einen Tiefenmesser zu verwenden, der Tiefenanzeigen bis 120 m besitzt, da die natürliche Tauchtiefe, bedingt durch Gefährdungen wie Tiefenrausch (siehe Seite 93), die 40 m nicht überschreiten sollte. Mit dieser Sicherheitsmarge von 40 m konnten aus den Erfahrungen der letzten 50 Jahre heraus die Unfälle innerhalb des Tauchsports doch ganz erheblich reduziert werden.
Ein wichtiger Hinweis noch:
Alle druckempfindlichen Geräte sollten bei Flugreisen im Handgepäck mitgeführt oder in besonderen Druckbehältern vor dem Unterdruck der Flughöhe geschützt werden.

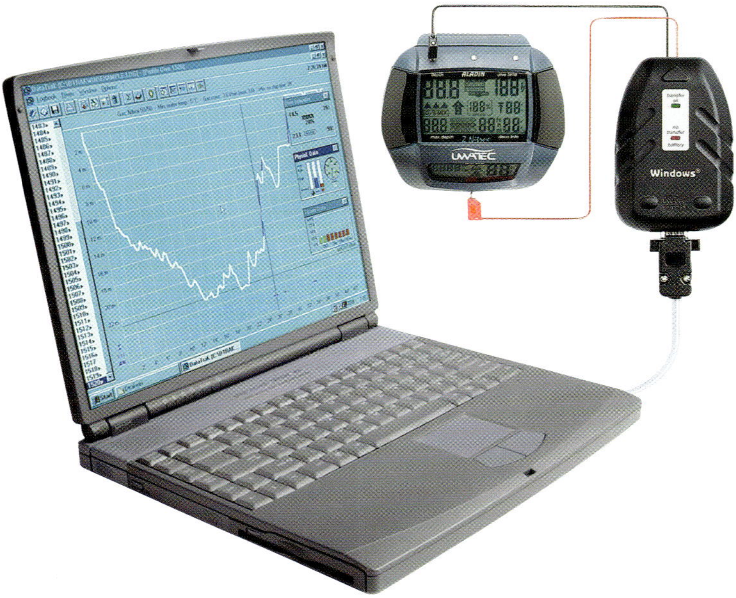

Am eigenen Rechner lassen sich später die Tauchgänge mit allen Messdaten nachvollziehen.

Tauchuhr

Sowohl Tageszeit als auch Tauchzeit sind für die Sicherheit eines Tauchganges unerlässliche Messgrößen.

Neben den klassischen analogen Zeigeruhren werden heute auch Digitaluhren angeboten, in denen die Fähigkeiten der Tauchcomputer integriert sind.

Diese Uhren sind meist auf 200 bar sicherheitsgeprüft und müssen auf alle Fälle auch bei Dunkelheit gut ablesbar und einstellbar sein. Analoge Uhren müssen einrastbare und fixierbare Markierungen besitzen, die die Tauchzeit oder die während des Tauchgangs erreichten Dekostufen unverrückbar festhalten.

Tauchcomputer

Hatten zuerst die Digitaluhren Einzug in den Tauchsport gefunden, so ist in den letzten Jahren besonders in dem Bereich der Dekompressiometer ein enormer Fortschritt erzielt worden. Sie sind heute auf der Basis der Computertechnik entwickelte Tauchhilfen, die elektronisch den Tauchgang auf Tiefe, Tauchzeit, Nullzeit, Dekompressionsstufen und Aufstiegsgeschwindigkeit usw. kontrollieren.

32-Bit-Prozessoren ermöglichen Echtzeitprofile, Millionen Bits Speicherkapazitäten erfassen bis zu 100 Stunden Tauchprofildaten. Gefährliche Jojotauchgänge, zu schnelle Aufstiege werden ebenso erkannt wie außergewöhnliche Anstrengungen oder Umweltbedingungen wie Kaltwasser. Automatisch beziehen die mitgeführten modernen Tauchcomputer solche Variablen in die Berechnung der Tauchprofile und erforderlichen Dekostopps mit ein und vermeiden so nicht nur schwere Unfälle, sondern verhindern auch einen Großteil der sich bei solchen Tauchgängen bildenden Mikrobläschen

Ein Sender übermittelt dem Tauchcomputer die Gasdaten aus der 1. Stufe.

im Blut, die zu langfristigen Schäden führen könnten. Übersichtliche Displays der direkt oder über Sender mit Verbrauchs- und Atmungsdaten versorgten Computer geben jederzeit über Tauchtiefe, Tauchzeit, Luftvorrat, verbleibende Restzeit, Dekostopptiefen, Austauchzeiten und Aufstiegsgeschwindigkeiten Auskunft.

Auf einem großen Display werden die wichtigsten Tauchdaten angezeigt, bei Überschreiten von Sicherheitsgrenzen warnen die Computer den Taucher.

Leistungsstarke Software unterstützt die Arbeit der Tauchcomputer und macht sie auf dem PC oder Laptop darstell- und bearbeitbar. In Instrumentenkonsolen zusammengefasst bieten die Instrumente und Tauchcomputer der jüngeren Generationen ein echtes UW-Cockpit. Selbst die Energieversorgung solcher Tauchcomputer ist heute auf ein Jahrzehnt bei hundert Tauchgängen pro Jahr angelegt, ohne dass die Spezialbatterie ausgetauscht werden muss.

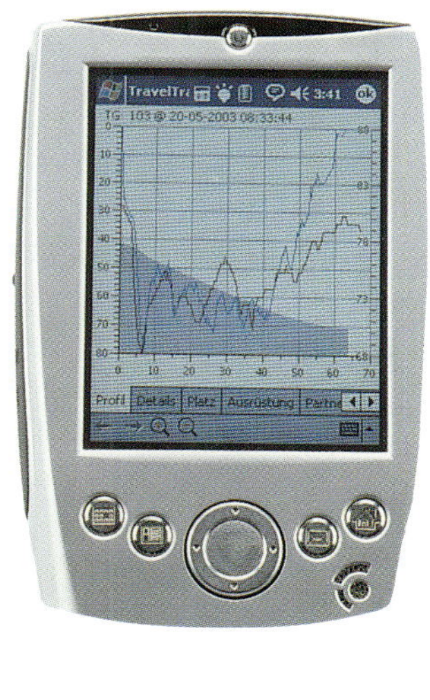

Traveltrak, der Speicher für unterwegs, mit langer Energieversorgung.

Zwar sind diese Geräte nicht gerade billig, aber sie sind die großen Sicherheitshilfen für jeden, der sich unter Wasser bewegt. Durch Beobachten von Fischen, Fotografieren, Filmen und die vielen anderen Erlebnisse unter Wasser ist man als Taucher immer wieder abgelenkt. Dabei ist es eigentlich erforderlich, den Tauchgang in allen Phasen voll kontrolliert und überwacht durchzuführen. Nur so ist bei richtiger Planung auch ein siche-

Universalkonsolen erlauben die unterschiedlichsten Instrumentenkombinationen.

res Tauchen möglich. Viele haben in den vergangenen Jahren und Jahrzehnten die Erfahrung gemacht, dass ein Kontrollinstrument, das die eigenen Beobachtungen und Überwachungen bestätigt bzw. kontrolliert, ein außerordentlich hilfreiches Tauchinstrument ist. Zwar lassen sich eigenständige Berechnungen und Planungen des Tauchgangs dadurch nicht ersetzen, aber diese Tauchcomputer gewähren eine fortwährende, über den Tauchgang hinaus, ja manchmal über 24 Stunden hinausreichende Kontrolle aller Tauchvorgänge eines Tages. Sie registrieren dazu noch die vorgegebenen Distanzen zur Flugzeit, was speziell für fernreisende Taucher von großer Bedeutung ist.
Wie bei allen Instrumenten sollte Handlichkeit gewährleistet sein, aber ganz besonders kommt es auf eine gute Ablesbarkeit des Tauchcomputers an. Das gilt natürlich für alle Instrumente.
Über den folgenden Punkt streiten sich die Fachleute, ich will ihn dennoch anführen. Wer mit elektronischen Systemen arbeitet, kennt unerwartete Ausfälle. Deshalb habe ich immer noch die gute alte Dekotabelle und eine separat arbeitende Taucheruhr und einen Tiefenmesser als redundantes System dabei, das ich im Falle eines Falles jederzeit zum sicheren Abschluss eines Tauchganges einsetzen kann. In manchen Tauchschulen wird aber heute schon nicht mehr die Handhabung einer Tauchtabelle gelehrt. Ich möchte dennoch aus Sicherheitsgründen an ihr festhalten.

Taucherweste und Tarierjacket

Taucherwesten, die häufig auch unter dem Begriff Tarier- oder Rettungswesten angeboten werden, sind nicht nur nützlich, sondern ein lebensnotwendiges Zubehör zur Taucherausrüstung. Einsatz und Anwendung der Taucherwesten im Wasser sind vielseitig. Beim normalen Tauchgang dient sie hauptsächlich zum Austarieren unter Wasser, das heißt, man kann sich aufgrund einer Taucherweste in jeder Tauchtiefe genau stabilisieren, ohne abzusinken bzw. nach oben zu treiben. Lebensnotwendig wird eine Taucherweste im Notfall, wenn mit ihrer Hilfe schnell die Oberfläche erreicht werden soll. Dazu muss der Westenkörper ein bestimmtes Volumen haben, da sonst der notwendige Auftrieb nicht erreicht wird. Empfohlen sind hier Richtwerte von 15 l Inhalt, was einem Auftrieb von 150 N entspricht (10 N = ca. 1 kg).
Fraglos muss eine solche Rettungsweste, oder wie es heute heißt Tarierjacket, an der Wasseroberfläche auch als Schwimmhilfe oder für begleitende Taucher als Bergungshilfe dienen können. Dieses Jacket muss den Taucher in jedem Fall sicher und

Stabilizing Jacket – die Luft im Innern des Jackets kann frei zirkulieren und strebt immer dem höchsten Punkt zu.

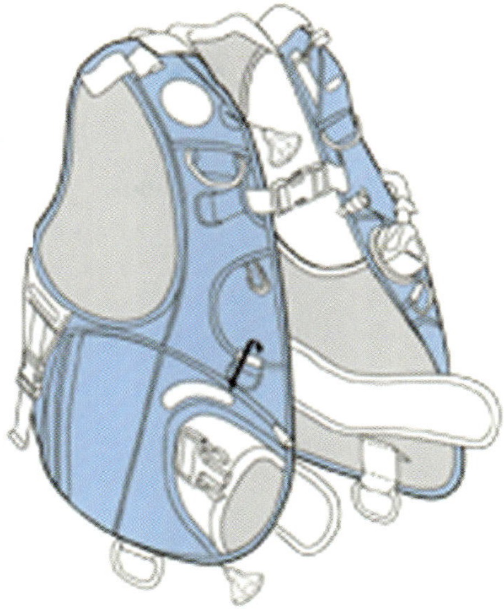

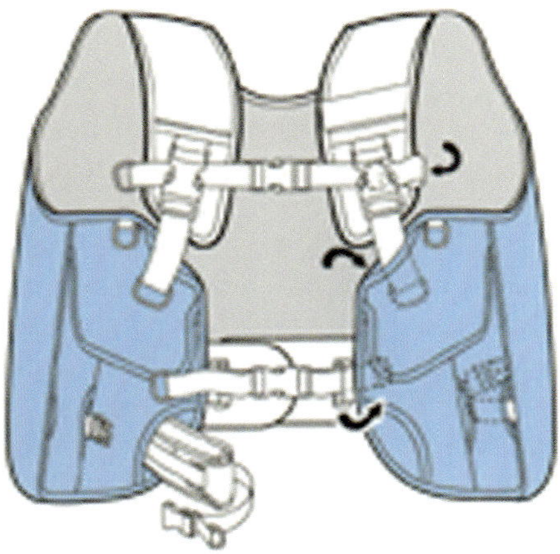

ADV-Jacket mit variabler Passform, und seitlichen Luftkammern.

Wing-Jacket – die Auftriebskammer wird auf dem Rücken getragen, daher große Arm- und Brustfreiheit.

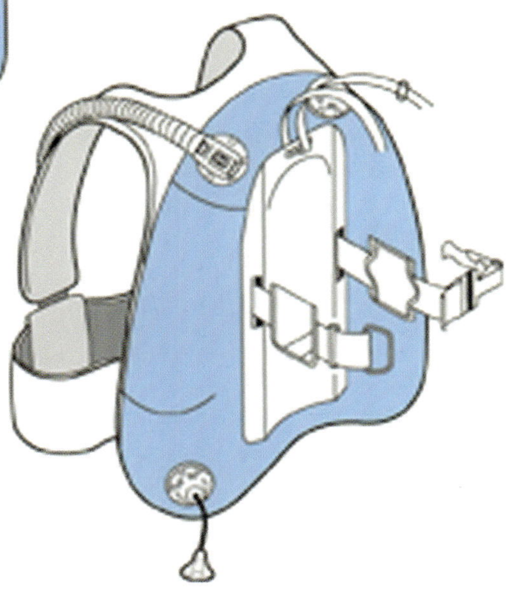

Luftkammern blau.

entspannt an der Oberfläche halten können, ohne dass er im Falle der Bewusstlosigkeit mit dem Gesicht ins Wasser fällt und ertrinkt.

Heute werden verschiedene solcher Jackettypen und Tarierhilfen angeboten. Die einfachste Form ist sicher die klassische Kragenweste (»Klodeckel«), die meist mit einer 0,5-l-Notflasche oder einer CO_2-Patrone geliefert wurde. Dieser Rettungskragen dient, wie der Name schon sagt hauptsächlich dazu, an der Oberfläche eine ohnmachtssichere Lage zu erzwingen. Er wurde früher mangels besserer Möglichkeiten einfach zur Tarierhilfe eingesetzt.

Die in verschiedensten Variationen angebotenen Jackets besitzen jedoch einen weitaus größeren Tauchkomfort sowie bessere Tariermöglichkeiten, sodass sie die Kragenweste verdrängt haben. Man unterscheidet drei Grundtypen von Tarierjackets.

Das *ADV-Jacket* ist, wie der Begriff Advanced zeigt, die Weiterentwicklung des Rettungskragens und ein echtes Tariermittel unter Wasser, das an der Oberfläche noch ausreichend Sicherheitsreserven für den Fall einer Ohnmacht bietet. Das

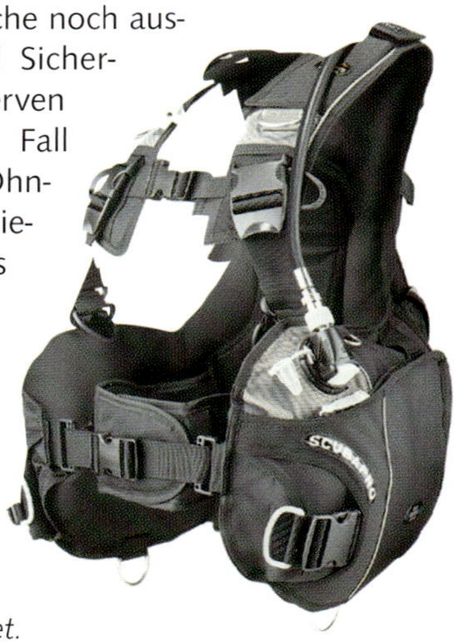

ADV-Jacket.

Stabilizing Jacket.

ADV-Jacket erzwingt durch die Luftverteilung um den ganzen Oberkörper eine relativ aufrechte Tauchlage, die auch an der Oberfläche noch eine ziemlich sichere Lage gewährleistet. Nachteile während des Tauchganges sind die relativ strömungsungünstige Tauchlage und die starke Einengung bei voll aufgeblasenem Jacket. Zudem ist das Volumen der Luftblase nicht beliebig vergrößerbar, sodass das Auftriebsvolumen begrenzt bleibt. Da diese Jacketform an der Oberfläche ausreichend Sicherheit bietet, aus Konstruktionsgründen sehr größenvariabel und preiswert ist, wird es meistens in der Ausbildung eingesetzt ... und danach von Tauchanfängern gekauft.

Beim *Stabilizing Jacket* sind die Luftkammern alle untereinander verbunden, sodass die Luft immer dem höchsten Punkt zustreben kann. Drehen, wenden sind durch die Luft stabilisiert, der Taucher kann sich präzise unter Wasser bewegen. Diese Jackets sind sehr groß und bieten durch die besten Auftriebsmöglichkeiten auch an der Oberfläche optimale Sicherheit. Zum guten Sitz ist allerdings eine gute Innenbebänderung

Wing Jacket.

erforderlich. Diese großen Jackets bieten natürlich große Taschenflächen, Ansätze für Karabinerhaken oder andere Ausrüstungsgegenstände. Nicht selten haben sie integrierte Gewichtssysteme. Mit Gurtsystemen werden sie an die Druckluftflasche geschnallt, mit der sie über den Infaltor in Verbindung stehen.

Das *Wing Jacket* ist wiederum eine Weiterentwicklung des ADV-Jackets und seiner Vorläufer. Der Auftriebskörper ist ausschließlich auf dem Rücken des Tauchers positioniert. Diese Bauform bietet den Vorteil eines beliebig groß gestaltbaren Volumens bei optimaler (waagerechter) Tauchlage, ohne den Oberkörper einzuengen. Zudem ist der ganze Brustbereich für Foto- oder Filmkamera, zusätzliche Flaschen und vieles mehr frei, – ein Grund, warum dieser Jackettyp im technischen Bereich zum Einsatz kommt. Allerdings geht dies zu Lasten der Oberflächensicherheit. Durch die Positionierung der Luftblase wird der Körper eines Tauchers nach vorne gekippt, was bei Bewusstlosigkeit an der Oberfläche zum Ertrinken führen kann. Dies lässt sich allerdings durch die entsprechende Positionierung von Blei in den Griff bekommen. Die perfekte Tauchlage und das große Volumen sowie der unvergleichliche Bewegungsraum eines Wingjackets sind die Gründe aus denen es bevorzugt von erfahrenen, ambitionierten Tauchern getaucht wird, denen die Tauchlage und die Möglichkeit schwereres Equipment mitzunehmen wichtiger sind als die Oberflächenlage.

Das *Hybridjacket* ist der Zwitter mit den Vor- und Nachteilen beider Jacketformen. Das Hybridjacket ist eigentlich ein kleinvolumiges ADV-Jacket, dem eine zusätzliche Wingblase mehr Hubvolumen und mehr Lagestabilität verleiht.

Bei den verschiedenen Modellen sollte man besonders den Sitz kontrollieren, da sonst der Westenkörper den Taucher im Notfall nicht vor dem Ertrinken schützen kann. Hier werden Sie in den Tauchsportfachgeschäften bestens beraten und sollten sich wirklich nicht scheuen, verschiedene Westentypen durchzuprobieren und am Rücken den Sitz zu testen. Aus dem breiten Spektrum der in allen Modefarben erhältlichen Jackets und Westen wählt der umsichtige Taucher immer solche mit Signalfarben und Leuchtstreifen aus. In Deutschland ist die geforderte Funktion einer solchen Taucherweste im Rahmen einer DIN-Verordnung genauestens beschrieben und auf die Bedürfnisse des Sporttauchens abgestellt.

Bänderungen und Bleigurt

Die Bänderung an den Geräten des Sporttauchers wie Presslufttauchgerät, Jacket und Bleigurt müssen aus bestem Material sein, damit sie sich nicht seitlich einrollen und dann nicht nur einschneiden, sondern auch nicht mehr leicht zu bedienen

Nylongewichtsgurt.

sind. Alle Verschlüsse müssen Sicherheitsverschlüsse sein und eine Bedienung mit nur einer Hand ermöglichen. Die Bänderungen müssen grundsätzlich so angebracht sein, dass alle Geräte durch Schnellabwurf gelöst werden können.

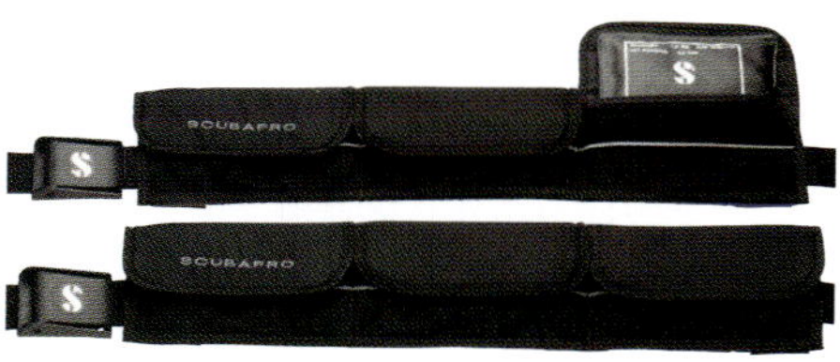

Variosoft Taschenbleigurte.

Softblei.

Gewichtstragesystem für Rückengeplagte.

Bei der Bebleiung empfiehlt es sich auf fein dosierbare Softbleikissen umzustellen, die in gesicherten Bleitaschen untergebracht werden können. An den Basen findet man aber meist nur die großen Bleiklötze von einem oder zwei Kilogramm Masse, die auf einen Bleigurt aufgefädelt werden. Damit sie nicht verrutschen kann man hinter dem Mittelsteg der Gewichte den Gurt einmal verdrehen.

Integriertes Gewichtssystem

Viele Jackets bieten dem Taucher ein sehr bequemes integriertes Gewichtssystem, das den traditionellen Bleigurt vollständig ersetzt. Die Softbleitaschen werden in herausnehmbare Taschen gesteckt und in hüfthoch angebrachte Einschubtaschen verstaut. 50 mm Fastexschnallen sichern das Blei vor Verlust beim Abtauchen über Kopf. Das Fassungsvermögen der Taschen beträgt 5 kg, was für den Sporttaucher im Nassanzug in der Regel ausreicht. Integrierte Bleitaschen sind extrem schonend und helfen, schmerzende Hüftknochen zu vermeiden. Beim Ausstieg lassen sich die Taschen bequem an Bord reichen.

Nützliches Zubehör

Wie in allen Sportarten, so kann man natürlich auch im Tauchsport ein fast beliebig breites Repertoire an Tauchgeräten und mehr oder weniger brauchbaren Utensilien erwerben. Als nützlich und manchmal zur Selbsthilfe notwendiges Werkzeug hat sich ein Tauchermesser erwiesen. Hier liegt die Betonung auf der Bezeichnung »Werkzeug«.

Tauchmesser.

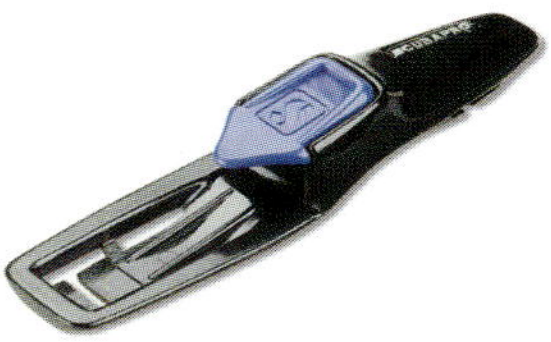

Messerscheide.

Das *Tauchermesser* sollte robust, mit mehreren Funktionsabschnitten wie etwa Schraubendreher, Schneide, eventuell Rückensäge u.Ä. versehen sein. Daneben ist eine gute Messerhalterung notwendig, wobei eine Beinscheide für den Unterschenkel am sinnvollsten ist. Am Unterschenkel getragen, ist das Tauchermesser leicht erreichbar und stört dennoch nicht den Bewegungsablauf des Tauchens.

Sinnvoll ist es auch, sich eine übersichtliche *Tauchtasche* anzuschaffen, sodass die Tauchausrüstung bequem und sicher transportiert werden kann. Sie sollten hier auf ein robustes Material, besonders aber auf Tragebänder achten, die rund um die Tasche gehen und nicht nur an einer Naht angesetzt sind. Nur allzu leicht reißen billige Taschen aus, sodass man langfristig mit Originaltauchtaschen bzw. Tauchkoffern eines Markenherstellers am besten fährt.

Bedenken Sie beim Taschenkauf, dass Sie damit auch durch enge Zugänge fahren können müssen.

Ebenso nützlich ist eine leistungsstarke *Unterwasserlampe*, mit der man in der Lage ist, während eines Tauchgangs mit künstlichem Licht die phantastischen Farben der Unterwasserwelt sichtbar werden zu lassen. Bei Nachttauchgängen ist es für die Sicherheit unabdingbar, dass jeder am Nachttauchgang teilnehmende Taucher eine eigene Lampe mitführt.

Ein *UW-Kompass* und eine *Schreibtafel* mit Bleistift ergänzen Ihre Ausrüstung sinnvoll. Im Verlauf Ihrer fortschreitenden Erfahrungen werden Sie erkennen, welche Geräte Sie für Ihren

UW-Kompass.

individuellen Einsatz und für Ihre individuelle Sicherheit benötigen. Es ist daher ratsam, zu Beginn einer Taucherkarriere zunächst einmal mit der Grundausstattung zu beginnen und erst nach und nach die Ausrüstung entsprechend den eigenen Bedürfnissen zu ergänzen.

In vielen Vereinen, vor allem aber in Tauchschulen und Tauchbasen können Sie alle Geräte leihen oder sie werden Ihnen zu Beginn der Ausbildung zur Verfügung gestellt, sodass Sie sich erst nach einer gewissen Taucherfahrung eigene Geräte zu kaufen brauchen. Hier sollten Sie ruhig zu rechnen beginnen, ob sich ein eigenes Gerät wirklich lohnt, ob Sie es oft genug zum Einsatz bringen, richtig pflegen und warten können. Manchmal ist es heute billiger sich für wenige Tauchtage im Jahr die modernsten und vor allem gewarteten Geräte zu leihen. Umso wichtiger ist es, dass Sie sich auf den kontinuierlichen Qualitätsstandard Ihrer Tauchanbieter verlassen können.

Schreibtafel.

Gefahren für den Sporttaucher

Auch wenn man heute davon ausgehen kann, dass alles Leben ursprünglich einmal aus dem Meer gekommen ist, so haben wir Menschen uns doch so weit davon entfernt, dass die Rückkehr ins Wasser mit erheblichen Anstrengungen verbunden ist. Ohne ein Tauchgerät können wir nur wenige Augenblicke unter Wasser verweilen und diese faszinierende Welt genießen. Das Tauchgerät ermöglicht es uns, einen lange anhaltenden Eindruck von der Welt unter Wasser zu gewinnen. Trotzdem sind Tauchtiefe und Tauchzeit nicht unbegrenzt.

Schon der Luftvorrat in den Drucklufttauchgeräten beschränkt unsere Tauchzeit erheblich. Wir haben gesehen, dass sich die Druckverhältnisse auf das Atemminutenvolumen auswirken, was bedeutet, dass man umso mehr Luft verbraucht, je tiefer man taucht. Auf die maximale Tauchtiefe von 40 m wurde ebenfalls schon hingewiesen. Verschafft man sich aber mithilfe eines Drucklufttauchgerätes eine längere Aufenthaltsdauer unter Wasser und ist während dieser Zeit von der Atemluft der Oberfläche unabhängig, so begibt man sich in einen eigenständigen, dem Druck der Tauchtiefe entsprechenden Regulationskreislauf der Atemgase. Auf der einen Seite ist dies natürlich eine fabelhafte Möglichkeit, unter Wasser zu verweilen, auf der anderen Seite ergeben sich mit diesen neuen Abhängigkeiten aber auch neue Gefahren für den Sporttaucher, die er beherrschen und eingrenzen lernen muss. Selbstverständlich gelten für den Sporttaucher, der mit dem PTG taucht, grundsätzlich die gleichen Gefahrenmomente wie für den ABC-Taucher. Unkontrollierte schnelle Druck- und damit Gasvolumenänderungen können erhebliche Gefahren, ja tödliche Verletzungen nach sich ziehen.

Doch verdeutlichen wir uns zunächst einmal, was bei solchen Druck- und Volumenänderungen eigentlich geschieht. Betrachten wir zuerst den eigenen Körper. Er besteht aus Zellen; diese Zellen fügen sich zu Geweben, diese Gewebe zu Organen und die Organe zu ganzen Organsystemen zusammen. Alle diese Systeme sind präzise aufeinander abgestimmt. Das Blut ist der Haupttransporteur für Nahrungs-, Abfall- und Mineralstoffe, für Hormone, ist Träger der Abwehr, dient der Regulation der Körpertemperatur und ist gleichzeitig Transporteur für die Atemgase innerhalb unseres Körpers.

Schon der kleinste Druck, den wir über Wasser auf unseren Körper ausüben, beispielsweise wenn wir uns irgendwo stoßen, ruft eine Störung dieses Blutkreislaufes hervor. Blaue Flecken kennt wohl jeder, und wir wissen auch, dass unsere Haut sowie unsere Gewebe nur eine begrenzte Elastizität besitzen. Das bedeutet schlicht und einfach, dass keines unserer

Organe überlastet werden darf, da sonst Schädigungen eintreten. An Land haben wir dafür zahlreiche Warnsysteme: Wir spüren Schmerzen dort, wo wir uns stoßen oder verletzen. Wenn wir uns irgendwo einklemmen, wird das Blut aus den Kapillaren gepresst, wir haben einen Bluterguss und können unter dem Gewebe deutlich das aus den Gefäßen getretene Blut erkennen.
Unter Wasser sind es nun hauptsächlich die starken, relativ schnell auf den Körper einwirkenden Druckunterschiede, die zu Taucherkrankheiten führen.

Barotraumen
Der Begriff Barotrauma leitet sich aus den griechischen Wortstämmen für »Schwere« und »Wunde« ab. Im Wesentlichen sind dies Verletzungen, die durch zu große Druckunterschiede im Körper entstehen. Ein großer Druckunterschied besteht für Gewebe in starren Hohlräumen bereits, wenn der Druck einer nur 70 cm hohen Wassersäule gleich 0,07 bar auf das Gewebe einwirkt. Barotraumen treten entsprechend den verhältnismäßig großen Volumenänderungen vor allem im Flachwasserbereich auf. Schon ab einer Druckdifferenz von 0,025 bar schwellen Schleimhäute an, und ab 0,05 bar kann bereits Blut aus den Geweben austreten. Sie können sich damit vorstellen, dass schon unkontrollierte Tauchtiefenunterschiede von 1 m solche Barotraumen hervorrufen können. Wird der Druckunterschied größer, können Barotraumen sogar lebensgefährlich werden.
Über den mit unter Wasser genommenen Luftvorrat bzw. über den Atemregler stellen wir die Körperhohlräume auf den während des Tauchens jeweils herrschenden Druck ein. Dies besagt, dass wir in einer Tiefe von 30 m alle unsere Körperhohlräume mit so viel Luft versehen müssen, dass sie der Wassersäule von 30 m (= 3 bar) plus dem darüber liegenden Luftdruck von 1 bar, also insgesamt von 4 bar, widerstehen können. Folglich müssen in unseren Körperhohlräumen ebenfalls 4 bar Luftdruck erzeugt werden. Erst wenn Innen- und Außendruck gleich sind und sich im Gleichgewicht befinden, sind Schädigungen der Körpergewebe auszuschließen.
Die häufigsten Barotraumen treten am Trommelfell auf. Ist man erkältet und die Schleimhäute sind derart angeschwollen, dass die Luft nicht ungehindert durch die Eustachische Röhre in das Mittelohr gelangen kann, so ändert sich beim Abtauchen der äußere Umgebungsdruck, der Druck im Mittelohr allerdings bliebe wie an der Oberfläche. Der dabei entstehende Druckunterschied würde zu einer Überdehnung, eventuell sogar zum Riss des Trommelfells oder zur Schädigung der auskleidenden Gewebe des Mittelohres und langfristig zu schwer wiegenden Gehörschädigungen führen. Um diesen Schädigungen vorzubeugen, wird jeder Taucher versuchen, die Druckverhältnisse an seinem Trommelfell in einer Balance zu halten und den bereits beschriebenen Druckausgleich herbeizuführen (siehe Seite 29). Wäre man andererseits in einer größeren Tauchtiefe, der Körper in all seinen Hohlräumen dieser Tauchtiefe auch druckmäßig angepasst und würde sich etwa erst jetzt unter Wasser aufgrund einer vernachlässigten Erkältung während dieses Tauchganges die Eustachische Röhre durch Anschwellen der Schleimhäute schließen, so hätte man nun im Bereich des Mittelohres genau den Innendruck, der der Tauchtiefe wäh-

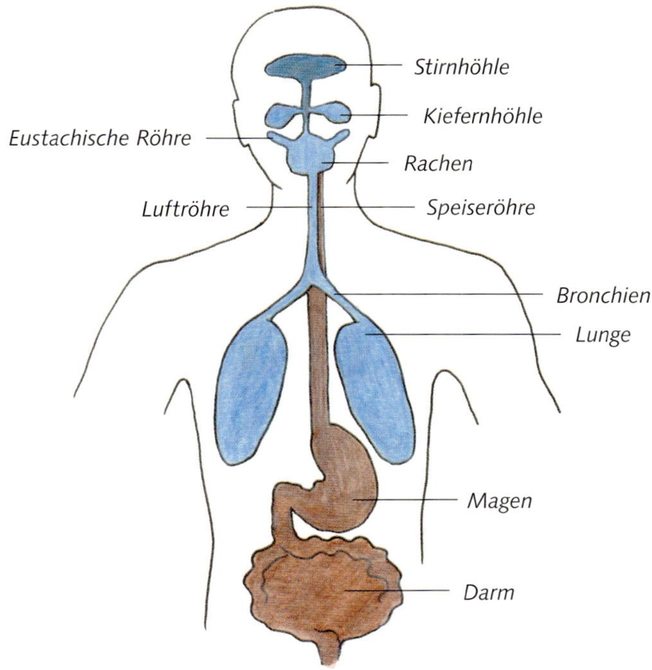

Gasgefüllte Körperhohlräume.

rend des Verschließens durch die Schleimhäute entspricht. Taucht man jetzt auf, so würde das Gas in diesen Hohlräumen versuchen, sich auszudehnen. Dem würde aber die geschwollene Schleimhaut der Eustachischen Röhre entgegenwirken. Gelingt nun kein Druckausgleich, würde sich wieder eine Druckkrankheit mit Schmerzen, Blutaustritt und entsprechende, auf das Organ bezogenen Folgeschäden einstellen. Die Schädigungen und Gefahren, die dabei auftreten, sind von der Größe und Geschwindigkeit des Druckunterschiedes abhängig. Sobald unsere Gewebe solche Druckunterschiede nicht mehr ausgleichen können, die Gasvolumen nicht mehr schnell genug angeglichen werden, kommt es zu diesen Barotraumen. Man unterscheidet dabei drei verschiedene Gruppen:

- Barotraumen im oder im Bereich der Hohlräume unseres Körpers
- Barotraumen der Hohlräume, die um unseren Körper durch die Tauchausrüstung bestehen, also zum Beispiel der Gashohlraum in der Taucherbrille oder Hohlräume, die sich durch Falten im Tauchanzug bilden und
- mittelbare Barotraumen, wobei diese durch Ex- bzw. Implosionen mitgeführter Tauchgeräte, Unterwasserlampen oder Unterwassergehäuse verursacht werden.

Betroffen sind, wie bereits mehrfach erwähnt, insbesondere die Ohren, wenn entweder mit Erkältung getaucht oder nicht rechtzeitig mit dem Druckausgleich begonnen wird. Aber auch bei der Anwendung von Nasenstöpseln könnten gefährliche Barotraumen in den Außenohren auftreten. Verursacht werden können solche Barotraumen außerdem dadurch, dass durch Verkrümmungen oder Schleimhautwucherungen, wie sie zum Beispiel die so genannten Polypen darstellen, eine reguläre Belüftung der dahinter liegenden Hohlräume nicht möglich ist. Hiervon werden vor allem die Nasennebenhöhlen, zu denen die Oberkieferhöhlen, die Siebbeinzellen, die Stirnhöhle und die Keilbeinhöhle zählen, in Mitleidenschaft gezogen. Allein schon aus diesen Gründen ist es unerlässlich, dass man sich einer gründlichen tauchsportärztlichen Untersuchung unterzieht, bevor man mit diesem Sport beginnt.

Übrigens sollten Sie auch Ihren Zahnarzt darauf aufmerksam machen, dass Sie Sporttaucher sind, denn umso gründlicher müssen alle Zähne geprüft werden. Ein gesunder Zahn weist keine Hohlräume auf, verursacht somit auch keine Schmerzen und gibt keine Möglichkeiten für ein Barotrauma. Kranke Zähne und schlecht ausgeführte Zahnbehandlungen können allerdings zu Barotraumen in den Zähnen führen. Luft dringt in die Hohlräume ein, das Zahnfleisch quillt darüber, und beim Aufstieg kann die Luft nicht mehr aus dem Hohlraum entweichen. Zwangsläufig wird die sich ausdehnende Luft Schmerzen verursachen oder im schlimmsten Fall Kronen oder Füllungen aus dem Zahn heraussprengen.

Auch im Magen- und Darmbereich können Barotraumen entstehen, da auch hier Gase vorhanden sind, die sich gemäß der Druckgesetze verhalten. Beim Auftauchen kann es so durch Ausdehnen dieser Gase zu einem Völlegefühl kommen, und in schlimmeren Fällen können Koliken auftreten, die eine Druckkammerbehandlung erfordern. Diesen Barotraumen im Magen und Darmtrakt lässt sich allerdings ziemlich einfach durch eine vernünftige Ernährung entgegenwirken. Man sollte alles vermeiden, was die Magen- und Darmtätigkeit überdurchschnittlich anregt oder zu extremer Gasbildung führt. Kohl, Bohnen, Linsen usw. sind allgemein als starke Gasbildner des Magen- und Darmtraktes bekannt. Außerdem sollte man es ebenfalls vermeiden, stark gashaltige Getränke zu sich zu nehmen wie zum Beispiel Sprudel oder Cola.

Lungenriss

Die Auswirkungen des ABC-Tauchens auf die Lungen wurden bereits ausführlich geschildert. Grundsätzlich unterliegt der Gerätetaucher den gleichen Gefährdungen, allerdings ist ein Lungenriss, bedingt durch einen Überdruck in der Lunge, beim normalen ABC-Taucher unbekannt. Der Gerätetaucher erhält seine Atemluft über einen Atemregler, ständig angepasst an den ihn umgebenden Wasserdruck. Das setzt jedoch eine regelmäßige Ein- und Ausatmung voraus. Bei einer unzureichenden Anpassung an den abnehmenden Umgebungsdruck beim Auftauchen – beispielsweise bei panikartigem Luftanhalten während eines Notaufstieges – entsteht im Lungeninneren ein Überdruck. Hierdurch werden die Lungenbläschen gefährlich überdehnt und können bei Überschreitung einer bestimmten Druckdifferenz reißen. Als Begleiterscheinungen eines solchen Lungenrisses treten meist sofort ein Pneumothorax (Luftansammlung im Brustfellraum) oder lebensbedrohende Luftembolien auf.

Auf weitere medizinische Ursachen und Folgen jetzt hier einzugehen, würde sicherlich zu weit führen, aber es dürfte

Dekompressionsunfälle – akute Folgen an den Organen

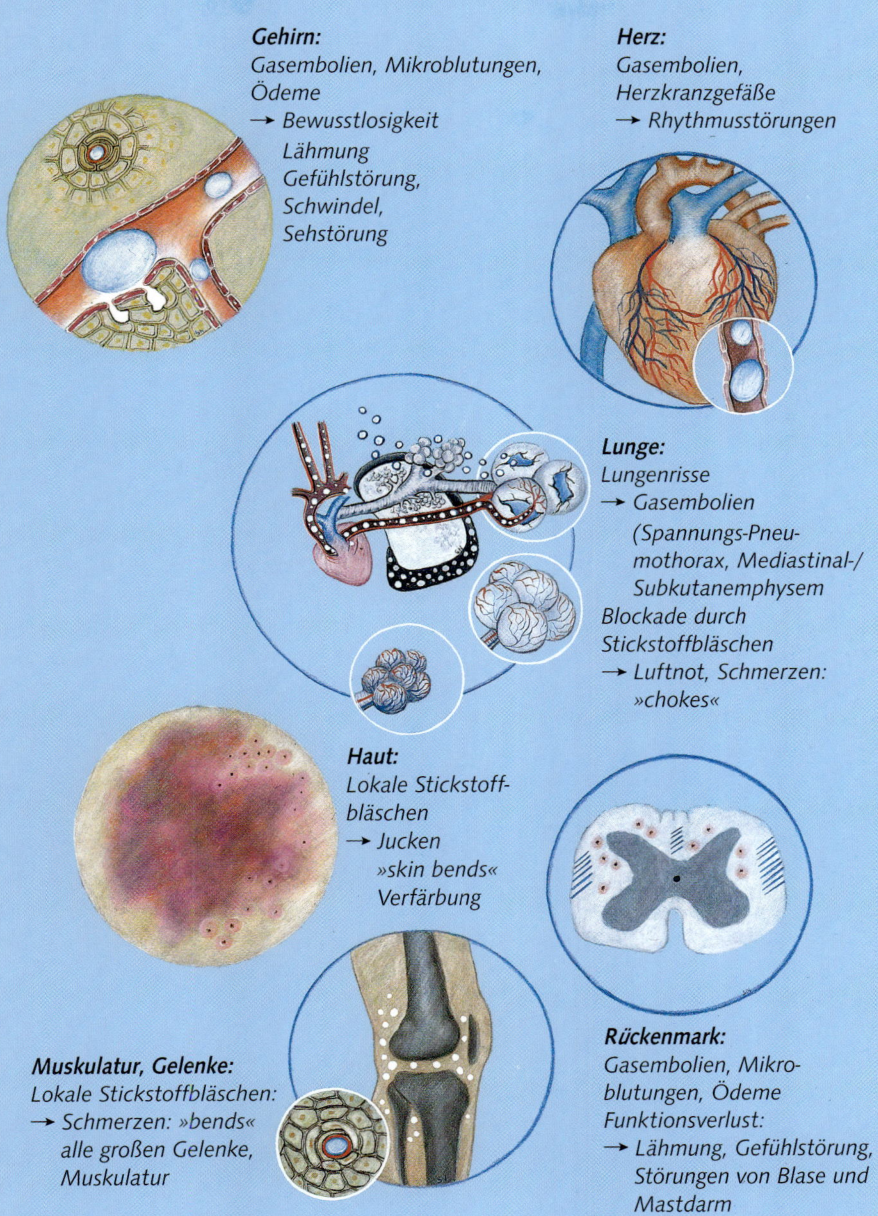

deutlich geworden sein, dass sich jegliche Druckänderungen auf die Lungen negativ, ja sogar tödlich für den Betroffenen auswirken können. Zu den Grundübungen und zu den wesentlichen Übungsteilen einer soliden Tauchausbildung gehört daher unbedingt das Erlernen der richtigen Atemtechniken. Neben den bisher genannten Barotraumen sind auch Barotraumen der Haut und der Augen möglich. Bei den Augen besonders dann, wenn die Taucherbrille nicht richtig belüftet wird und es hier zu Druckunterschieden kommt. Im schlimmsten Fall können die empfindlichen Blutgefäße der Augäpfel platzen. In diesem Zusammenhang sei auch darauf verwiesen, dass harte Kontaktlinsen, die keinen Gasaustausch ermöglichen, leicht zu einem Barotrauma im Auge führen können, da es durchaus möglich ist, dass sich unter den Kontaktlinsen kleine Gasbläschen bilden, die beim Auftauchen durch Ausdehnung Druck auf das Auge ausüben. Wer aber Augenprothesenträger ist, sollte sich auf jeden Fall mit seinem Arzt über die möglichen Gefährdungen absprechen.
Bleiben als Letztes noch Barotraumen der Haut, die durch falsche oder schlecht angezogene Tauchausrüstungen verursacht werden können. Anzugfalten bergen hier die Möglichkeit, dass sich in ihnen Druckunterschiede bilden, die auf der Haut durch Unterdruck zwar harmlose, aber trotzdem lästige Blutergüsse erzeugen können.
Zusammenfassend muss man hier sagen, dass alle auf den Druck zurückzuführenden Taucherkrankheiten mit Schmerzen verbunden sind. Dies heißt nun nicht, dass man nach dem Motto: »Ein Indianer kennt keinen Schmerz« verfahren sollte, sondern dass man die Signale seines Körpers beachten sollte. Viele Barotraumen lassen sich vermeiden, wenn man bei der geringsten Schmerzempfindung sofort reagiert und den Druckbelastungen entsprechend ausweicht, bzw. bei Erkältungen und Unwohlsein einen Tauchgang gar nicht erst beginnt. Alle Barotraumen sind neben den Schmerzen auch immer mit dem Austritt von Gewebsflüssigkeiten bzw. von Blut verbunden. In schweren Fällen werden die betroffenen Gewebe zerreißen, sodass offene Wunden im Bereich des Ohres oder der Lungen entstehen.
Es könnte nun der Eindruck erweckt werden, dass bei dieser großen Möglichkeit von Gefahren der Tauchsport zu einer der gefährlichsten Sportarten überhaupt zählt. Durch gründliche Ausbildung, umsichtiges Verhalten und Beherzigen der Regeln ist der Tauchsport weniger gefährlich als andere Sportarten. Es ist jedoch unabdingbar, auf die Gefahren hinzuweisen, denn nur wer die Gefahr kennt, kann sie vermeiden bzw. ihr begegnen. Für den Fall, dass doch einmal etwas passiert, sollte jeder Taucher ausreichend in erster Hilfe und in der Sofortbehandlung von Taucherkrankheiten ausgebildet sein. Bestehen Sie deshalb in dieser Hinsicht bei Ihrer Ausbildung ganz besonders auf eine umfassende und solide Grundausbildung. Tauchmedizinische Seminare bieten hier auch dem Laien Möglichkeiten zur Weiterbildung.

Dekompressionskrankheit oder Caisson-Krankheit

Während das Wort Dekompressionskrankheit (DCS) schon darauf hinweist, dass es sich hier wieder um druckbedingte Krankheiten handelt, ist der Begriff »Caisson-Krankheit«, der ebenfalls für diese Krankheit verwendet wird, historischen Ursprungs. Der Begriff »Caisson« kommt aus dem Französischen und ist auf die zur Unterwasserarbeit verwendeten Senkkästen zurückzuführen. Dabei handelt es sich um am Boden offene Stahl- oder Stahlbetonglocken, die von oben mit Luft versorgt wurden. Durch den von oben eingeleiteten Luftanteil wurde der Druck in diesen Glocken so groß gehalten, dass an der offenen Unterseite kein Wasser eindringen konnte. Auf diese Weise war es schon früh möglich, unter Wasser zu arbeiten. Erstmals wurden die Symptome der »Caisson-Krankheit« bei den Arbeitern in den zuvor beschriebenen Senkkästen beobachtet.

Verantwortlich für diese Krankheit ist letztendlich der Stickstoff. Grundsätzlich haben Gase das Bestreben, sich entsprechend ihrem Umgebungsdruck physikalisch zu lösen und sich bei Abfall dieses Umgebungsdruckes wieder freizusetzen. Unabhängig von der Größe des Überdruckes setzt nach etwa neun bis zwölf Stunden eine Gassättigung sämtlicher Gewebe ein, die Entsättigung braucht ähnlich viel Zeit.

Unter erhöhtem Druck wird nun der im Organismus enthaltene und durch die Atemluft noch hinzugefügte Stickstoff vermehrt gelöst und im Körper gespeichert. Die verschiedenen Körpergewebe nehmen den Stickstoff in unterschiedlicher Geschwindigkeit auf. Die Löslichkeit dieses Gases ist beispielsweise in Fettgeweben oder lipidhaltigen Zellen fünfmal höher als in Wasser. In diesen Geweben wird damit verständlicherweise auch mehr Stickstoff gelöst und gespeichert sowie bei Druckgefälle entsprechend in größerer Menge als Gasbläschen wieder freigesetzt. Da dieses Gas weder vom Körper gebraucht noch in irgendeiner Form gebunden wird, erfolgt eine Entsättigung beim Auftauchen (= Druckabfall) ausschließlich über die Ausatmung. Wird nun dem Körper nicht genügend Zeit gegeben, die überflüssige Stickstoffmenge wieder über die Lunge abzuatmen, so wird sich dieser Stickstoffüberschuss zu Gasblasen im Blut der verschiedenen Körpergewebe zusammenlagern und ausperlen. Je nach Größe und Lokalisation dieser Gasblasen kann es dann zu einem Gefäßverschluss bzw. einer lebensgefährlichen Embolie kommen. Daher ist es zwingend erforderlich, beim Aufstieg aus der Tiefe die Aufstiegsgeschwindigkeit so einzuteilen, dass keine Gasaustritte dieser Form möglich sind. Notfalls muss man in den Tiefen von 15, 12, 9, 6 und 3 m so genannte Dekopausen einlegen. Dies bedeutet nichts anderes, als dass man den Geweben in diesen Tiefen angemessene Zeiten verschafft, damit die gelösten Gase langsam und ohne Blasenbildung aus den Geweben und Körperflüssigkeiten entweichen können und über die normale Atmung aus dem Körper transportiert werden.

Werden diese Austauchzeiten und Aufstiegsgeschwindigkeiten nicht eingehalten, so können die bekannten Symptome der Caisson-Krankheit auftreten und eventuell durch Luftembolie zum Tode führen.

Das wesentliche Problem dieser Caisson- oder Dekompressionserkrankungen (DCI; I steht für Illness), die man ihrer Ursache und Verlaufsform nach in Dekompressionskrankheit (DCS; S steht für Sickness) aufgrund von überschüssigem Stickstoff oder in einen Lungenüberdruckunfall = arterielle Gasembolie (AGE) gliedert, ist die Tatsache, dass sich die Anzeichen meist erst längere Zeit nach dem Tauchgang zeigen. Die klassische Einteilung nach DCS (Typ I) mit Schmerz als Hauptsymptom und DCS (Typ II) mit ernsteren Krankheitsbildern ist heute nicht mehr vertretbar, da sich die Symptome überdecken können.

Um ernsthaftere Schäden zu vermeiden, sind alle Dekompressionskrankheiten durch Rekomprimierung, also durch wieder unter Druck bringen und anschließendes richtiges Dekomprimieren, zu behandeln. Rein theoretisch wäre diese Rekompression auch unter Wasser – die so genannte »nasse Dekompression« – denkbar. Experten und Mediziner warnen hiervor eindringlich und lehnen sie aus folgenden Gründen entschieden ab:

- In den meisten Fällen fehlt eine angemessene Ausrüstung, um eine halbwegs normale Rekompression durchführen zu können, die einen immensen Luftvorrat voraussetzt, einige Stunden dauert und dann immer noch von fraglichem Erfolg ist.
- Neben diesen technischen Schwierigkeiten setzen sich der Verunglückte und die Helfer der Gefahr einer starken Unterkühlung und des Kälteschocks aus.
- Bei einem Schwächeanfall oder einer Ohnmacht könnte der Sporttaucher das Mundstück seines Atemreglers verlieren und ertrinken.
- Die Begleittaucher bringen sich selbst ebenfalls in ein hohes Dekompressionsrisiko.

Meist enden diese Versuche in der Druckkammer, wobei eine unterbrochene Rekompression den Tod des betroffenen Tauchers bedeuten kann. Dagegen bleiben etwa zwei Stunden, in denen sich der Zustand des Kranken nicht wesentlich verschlechtert – Zeit, in der man ihn zur nächsten Druckkammer bringen kann. Die einzig wirkungsvolle Therapie ist ausschließlich in einer Druckkammer gewährleistet.

Abgesehen von möglichen Spätschäden, sind zu den häufiger auftretenden Formen der Taucherkrankheiten (früher Typ I) die »Taucherflöhe« (Hautjucken), Bauchschmerzen und auch Bends zu zählen. Beim Hautjucken handelt es sich um Mikroembolien, kleinste Gasbläschen in den peripheren Blutbahnen von Haut und Unterhautfettgewebe. Dies zeigt sich neben starkem Juckreiz auch durch rötliche Hautflecken.

Im Fettgewebe ist die Durchblutung geringer als in anderen Gewebsteilen des Körpers. Dadurch dauert dort der Wiederabtransport der gelösten Gase länger, und es kann bei zu kurzen Austauchzeiten leichter zu Bläschenbildung kommen. Besonders davon betroffen sind hier Personen, die ein überdurchschnittlich dickes und umfangreiches Fettgewebe besitzen. Der verzögerte Stickstofftransport führt dann zu starken Dehnungsschmerzen beispielsweise im Bauchbereich.

Bilden sich Gasbläschen in den großen Gelenken, so treten dort teilweise heftige Schmerzen auf, die außerdem noch vom Ausfall angrenzender Muskeln oder ganzer Körperregionen begleitet sein können. Diese »Bends« haben ebenfalls ihre Ursache in einer schlechteren Durchblutung der Gelenke, wodurch in diesen Bereichen der Abbau des Stickstoffs wiederum nur langsam erfolgt. Um es noch einmal zu sagen: Auch diese relativ leichten Erkrankungen bedürfen, um Spätfolgen zu vermeiden, der sofortigen Behandlung durch den Arzt.

Weitaus gefährlicher als diese Gruppe der Dekompressionskrankheiten sind Situationen (bisher Typ II), bei der das

Zentralnervensystem, also das Gehirn, das Rückenmark sowie die Atemmuskulatur betroffen sind. Je nachdem, wo sich die Gasblasen im Nervensystem bzw. im Gehirn bilden, kann es zu schweren Querschnittslähmungen kommen. Sind lebenswichtige Teile betroffen, so können irreparable Schäden, ja sogar der Tod die Folge eines solchen Unfalls sein.

Während leichtere Schäden teilweise wieder reparabel und rückgängig zu machen sind, treten bei schweren Dekompressionsunfällen lebensgefährliche Situationen auf. Hier sind besonders Luftembolien, die so genannten »Chokes«, zu nennen. Im Extremfall bilden sich im Kreislaufsystem größere Gasblasen, die, einmal in den Herzbereich eingespült, einen Herzinfarkt verursachen. Darüber hinaus können Gasblasen aber auch direkt ins Herz gelangen und dort den Pumpmechanismus des Herzens sofort zum Stillstand bringen.

Betrachtet man die nicht ausgeschlossenen Gefahren, die sich durch den Wechsel der verschiedenen Druckverhältnisse ergeben können, so wird neben dieser Möglichkeit aber auch deutlich, dass bei der Einhaltung aller Tauchregeln eine Gefährdung des Tauchers trotzdem nicht gegeben ist.

Um insbesondere die Dekompressionskrankheiten zu vermeiden, ist es notwendig, Tauchtiefen und Tauchzeiten immer so einzuhalten, dass eine Gasblasenbildung beim Auftauchen nicht entstehen kann. Am sichersten wäre es, den Tauchbereich von 9 m nicht zu unterschreiten, da ein plötzlicher Druckabfall aus dieser Tiefe bis zur Oberfläche vom Körper problemlos ausgeglichen werden kann. Tauchen wir tiefer oder länger, so muss ausgetaucht werden. Dies bedeutet, dass der Taucher in bestimmten Austauchtiefen bestimmte Austauchzeiten verbringen muss. Diese Werte sind in Tauchtabellen festgehalten. Die für die verschiedenen Tauchtiefen ermittelte Zeitgrenze, in der ein sofortiges Auftauchen mit einer maximalen Aufauchgeschwindigkeit von 10 m/min ohne Gefahr ist, bezeichnet man als Nullzeit. Ein Tauchgang mit Anfängern sollte immer innerhalb der Nullzeit beendet werden. Die oben genannten Tauchtabellen, die von Prof. Bühlmann und Dr. Hahn erarbeitet und modifiziert wurden, sind so abgestimmt, dass für jeden für den Sporttaucher in Frage kommenden Tiefen- und Tauchzeitenbereich die notwendigen Aufstiegsmaßnahmen erfasst sind. Außerdem lassen sich mit diesen Tauchtabellen die Wiederholungstauchgänge und auch die Distanzzeiten zu eventuellen Flugterminen berechnen. Diese in Plastik eingeschweißten Tauchtabellen lassen sich unter Wasser mitnehmen und sind eine sinnvolle Redundanz zu den heute üblichen Tauchcomputern; vorausgesetzt man hat gelernt, diese Tabellen zu lesen und zu interpretieren.

Wie tief kann ich mit dem Tauchgerät tauchen?

Eine erste Grenztiefenangabe mit 40 m haben Sie bereits im Rahmen der Dekompressionskrankheiten erfahren. Um wirklich sicher zu gehen, während eines Tauchgangs nicht in Dekompressionsgefahr zu gelangen, müsste man oberhalb 9 m bleiben. Da aber die meisten Tauchgänge in größere Tiefen führen, sei hier nochmals auf die Sicherheitsmarge von 40 m verwiesen, die von den meisten europäischen Tauchsportverbänden angeraten wird. Diese 40 m wurden auch deshalb gewählt, weil ab dieser Tiefe ein

enormer Anstieg der Tiefenrauschgefährdung zu beobachten ist.
Prinzipiell schwankt aber die individuelle Anfälligkeit innerhalb sehr weiter Grenzen. Einen solchen Tiefenrausch kann man mit einem Alkoholrausch vergleichen. Es kommt zu euphorischen Handlungen. Man traut sich mehr zu, als man wirklich kann, und darüber hinaus lassen die Aufmerksamkeit wie auch die Einschätzung möglicher Gefahrensituationen erheblich zu wünschen übrig. Daneben ist das Orientierungsvermögen außerordentlich eingeschränkt. Nach Auskunft von Tauchern, die bereits einen Tiefenrausch hatten, macht sich ein metallischer Geschmack im Mund bemerkbar, man hat das Gefühl, in eine Röhre zu sehen, Farben und Formen vermischen sich und geraten durcheinander, und schließlich verliert man die Orientierung.
Die Ursache für diesen Tiefenrausch liegt nach modernen Erkenntnissen in einer veränderten Erregungsübertragung zwischen den Nervenzellen. Hier werden in erster Linie die Kontaktstellen (Synapsen) von einer Nervenzelle zur anderen blockiert. Der auslösende Faktor dieser Vorgänge ist der Stickstoffanteil der Atemluft, der unter erhöhtem Druck eine narkotisierende Wirkung zeigt.
Wenngleich man eine Sicherheitsgrenze von 40 m empfiehlt, so sollte jeder wissen, dass dieser Tiefenrausch unter Umständen auch bereits weitaus früher beginnen kann. Einige Taucher berichten, dass sie bereits in 15 bis 20 m die Symptome des Tiefenrausches erfuhren. Persönliche Konstitution, vorausgegangenes Feiern mit alkoholischen Getränken und viele andere, die körperliche Stabilität beeinflussende Faktoren können hier eine Rolle spielen. Gerade aber weil es keine allgemein gültigen Normen gibt, sollte man sich immer im Sicherheitsbereich bewegen und bereits bei den ersten Anzeichen sofort um ca. 10 m höher tauchen.
Bei fast allen Tauchern besteht die Gefahr, dass sie im Rauschzustand unkontrolliert tiefer tauchen wollen. Mittauchende Partner müssen bei Erkennen der ersten Symptome – unkontrollierte Bewegungen, falsche Handzeichen u. Ä. – den erkrankten Taucher höher bringen, wenn nötig auch mit Gewalt. Dort verschwinden die Symptome wieder schnell.

Was muss ich bei Flugreisen beachten?

Sie wissen sicher, dass mit Zunehmen der Höhe die Luft »dünner« wird. Bei 3.000 m Höhe ist die Luftsäule, die sich über diesem Punkt befindet, 3.000 m kürzer als die Luftsäule in Meereshöhe. Dies bedeutet, dass der Druck, d.h. die Kraft, die von den entsprechenden Luftmassen auf eine Fläche ausgeübt wird, mit zunehmender Höhe abnimmt. Diesem geringeren Luftdruck muss man sowohl beim Bergseetauchen als auch bei der Planung des Rückflugtermins bei Flugreisen Rechnung tragen. So sollte man 24 Stunden vor dem Rückflug oder einer Rückreise über eine Gebirgskette keinen Tauchgang mehr machen, damit nicht durch den sinkenden Luftdruck während des Fluges oder der Bergfahrt noch nachträglich ein »Tauchunfall« entsteht.

Merksatz:

Zu jeder Tauchausbildung gehört eine Ausbildung in erster Hilfe, in Herz-Lungen-Wiederbelebung und Tauchrettung!

6. Stufe: Wie kann ich meine Leistung messen?

Spezialkenntnisse, wie z.B. Wracktauchen, erwirbt man sich bei den Spezialkursen.

Wie in allen Sportarten, so gibt es auch innerhalb des Sporttauchens Möglichkeiten, seinen individuellen Leistungs- und Wissensstand zu messen. Allerdings setzt man im Sporttauchen heute mehr auf Aus-, Weiter- und Fortbildungen sowie auf sich erweiternde und wachsende Erfahrungen. Diese lassen sich über die verschiedenen Ausbildungsstufen mit theoretischen und praktischen Abschlussprüfungen nachweisen, die man in Taucherpässen und scheckkartengroßen Brevetzertifikaten bestätigt bekommt. Spezialkurse, Sonderbrevets oder Seminare werden ebenfalls so bestätigt. Wichtigster Nachweis ist aber das Logbuch mit dem bestätigten Nachweis über die absolvierten Tauchgänge. Trotzdem verlangen die meisten Tauchbasen darüber hinaus einen kurzen Checkdive um sich vom »Tauchvermögen« jedes Tauchers zu überzeugen. Solange dies nicht zur Beutelschneiderei verwendet wird, ist dagegen auch nichts einzuwenden. Es gehört zur Vernunft und Ehre eines Sporttauchers, dass das Logbuch keine Lügeneinträge erhält.

Im Breitensportbereich haben die Sportverbände für den ABC-Taucher Leistungsabzeichen für das Flossenschwimmen geschaffen. Hier sind all diejenigen angesprochen, die mit ABC-Ausrüstung ihre Kondition überprüfen und verbessern wollen (s. S. 98). Leistung muss erbracht werden in den Disziplinen 25 m Tauchen mit ABC- Ausrüstung, 100 m Sprinten mit der ABC-Ausrüstung, 400 m und 800 m ebenfalls in der ABC-Ausrüstung.

Für den Gerätetaucher stehen die bereits erwähnten umfangreichen Ausbildungs- und Brevetsysteme mit internationaler Gültigkeit zur Verfügung.

Bei PADI z.B. sind die Ausbildungsziele wie folgt formuliert:

Open Water Diver

Man erlernt in diesem Kurs die theoretischen und praktischen Grundkenntnisse im Gerätetauchen. Anschließend kann man selbstständig mit einem Tauchpartner Tauchgänge planen und ausführen.

Advanced Open Water Diver

Man lernt in Abenteuer-Tauchgängen neue spannende Seiten des Tauchens. Durch ein Brevet oberhalb der Beginnerstufe ist man qualifiziert weitere und interessante Tauchabenteuer zu erleben. Der Kurs besteht aus zwei Pflichttauchgängen und drei weiteren Tauchgängen, die man beliebig auswählen kann.

Divemaster

Dieser Kurs hat die perfekte Entwicklung der Tauchfertigkeiten zum Ziel.

Die theoretischen Kenntnisse werden auf ein professionelles Niveau angehoben. Es wird das nötige Wissen vermittelt um Sporttaucheraktivitäten zu organisieren, durchzuführen und sicher zu überwachen. Nach erfolgreichem Abschluss des Divemaster-Kurses hat man die erste Stufe auf dem Weg in die berufliche Laufbahn geschafft.

Dazu werden Weiterbildungskurse angeboten wie z.B.:

EFR (Emergency First Response Kurs)

Dieser Kurs ist eine Grundausbildung in Herz-Lungenwiederbelebung und Notfallbetreuung über drei Abende.

Rescue Diver

Man lernt Erste-Hilfe-Rettungsfertigkeiten und bereitet sich auf einen »Ernstfall« vor. Das Tauchverhalten wird auf Sicherheit sensibilisiert und man lernt Unfälle zu verhindern und zu verhüten.

Weiterführende Spezialkursangebote sind u.a.:

- Discover Snorkeling
- Discover Scuba
- Discover Scuba Diving

- Discover Local Diving
- Scuba Review
- Skin Diver
- Scuba Diver

Alle anderen international anerkannten Ausbildungssysteme arbeiten unter den gleichen Zielsetzungen, wobei sich meist nur die Zwischenziele in der Reihenfolge unterscheiden.

Auch sind die Ausbildungsstufen bei den CMAS-Organisationen mit nationalen Brevets unterlegt, die in die internationalen Zertifikate umgeschrieben werden. Die Deutschen Tauchsport-Abzeichen (DTSA) in den Stufen Bronze = DTSA*, Silber = DTSA**, Gold =DTSA*** sind so den internationalen CMAS-Ausbildungsstufen

- CMAS*,
- CMAS**,
- CMAS*** und
- CMAS**** zuzuordnen.

Diese Tauchsportabzeichen bilden die Grundlage eines Ausbildungssystems, das durch entsprechene Spezialkurse (SK) wie

- Orientierung beim Tauchen
- Gruppenführung
- Tauchsicherheit und Rettung
- Nachttauchen
- Trockentauchen
- Strömungstauchen
- Wracktauchen
- Sporttauchen in Meereshöhlen
- Medizin-Praxis
- Apnoe 1
- Apnoe 2
- Meeresbiologie
- Süßwasserbiologie
- Gewässeruntersuchung
- Ozeanologie
- UW-Denkmalschutz und -Archäologie

immer weiter ergänzt werden kann, wobei ein Teil dieser Spezialkurse als Pflichtkurse in die Voraussetzungen für die einzelnen Brevetstufen eingebaut sind. Diese modularen Systeme haben den Vorteil, dass die Module immer den neuesten wissenschaftlichen Erkenntnissen angepasst und erweitert werden können. Sie alle werden von den Mitgliedsorganisationen der CMAS-Germany angeboten. In entsprechender Form gelten diese CMAS-Brevets der Tauchsportverbände Deutschlands, Österreichs, Luxemburgs, der Niederlande und alle anderen EU-Ländern sowie für die Schweiz. Darüberhinaus besitzen sie internationale Anerkennung.

Zwischenzeitlich ist aus dem Tauchsport ein so großes Marktpotenzial geworden, dass auch diese Ausbildungsstufen europäischen Normen angepasst werden müssen. Da dies ein kontinuierlich verlaufender Prozess in den kommenden Jahren ist, können wir Sie nur über Internet auf dem Laufenden halten. Unter der Adresse http://www.divemaster.de werden Sie die erforderlichen, aktuellen Links und Informationen finden.

Wer sich im Tauchsport weiter engagieren möchte, dem steht auch der Weg zum Jugendleiter, Übungsleiter, Trainer oder Tauchlehrer offen; letztere im professionellen Bereich ebenso wie im Ehrenamt.

Die momentan aktivsten Entwicklungen finden Sie im Bereich des Apnoetauchens und des NITROX-Tauchens, einerseits die Zuwendung zu geräteunabhängigen Freitauchaktivitäten, andererseits die Entwicklung zu veränderten Gasgemischen, bei denen der Sauerstoffanteil gegenüber der normalen Luft erhöht wird, um mehr Sicherheit zu erreichen.

NITROX steht für NITR = Nitrogenium (= Stickstoff) und OX = Oxigenium (=Sauerstoff), eine dahinter stehende Zahl gibt den Prozentsatz von Sauerstoff im Gemisch an. Sicherheit und verkürzte Austauchzeiten stehen hinter diesen Entwicklungen, die Schwierigkeiten andere Gasgemische als die natürlichen zu schaffen, erweisen sich als teurer und damit schwerer zugänglich.

Zwischenzeitlich hat aber auch hier die Industrie reagiert und die Gasversorgung ist verbessert worden. So kann man heute schon auf vielen Basen NITROX-Kurse und Tauchgänge machen. Auch hier werden Brevetierungen im CMAS-NITROX*, CMAS-NITROX** und CMAS***-Modus angeboten.

Während man Tauchen auch mit NITROX-Systemen schon mit der Grundlage des CMAS* erlernen kann, sind alle anderen Systeme vom geschlossenen Kreislauf bis zum reinen Sauerstoffgerät eher den engagierten Fortgeschrittenen oder Berufstauchern vorbehalten. Doch vor allem das Tauchen mit dem Rebreather findet hier immer mehr Zuspruch. Biologen, Fotografen und Filmer versprechen sich von diesen Kreislaufgeräten neue Möglichkeiten nahezu blasen- und geräuschfreier Tierbeobachtungen und damit interessante neue Dokumentationen. Kurssysteme hierzu werden ebenfalls schon in Vereinen und Tauchschulen angeboten.

Wettkampfarten des Tauchens

Neben diesen individuellen, der taucherischen Ausbildung und Fortbildung dienenden Tauchsport- und Leistungsabzeichen bieten sich für den engagierten Sporttaucher auch Medaillenchancen innerhalb des Sporttauchens. Flossenschwimmen, Streckentauchen, Orientierungstauchen und Unterwasserrugby sind die Sportarten, die der Tauchsport all jenen anzubieten hat, die ihre Kräfte, ihre Geschicklichkeit, ihre Ausdauer und ihr taucherisches Können im Vergleich mit anderen messen wollen. Ob im Einzelkampf, in der Staffel, im Mannschaftswettbewerb oder auch Mannschaftsspiel, diese Sportarten begeistern durch ihre spritzige Schnelligkeit im und unter Wasser.

Als gefährlichste Entwicklung der letzten Jahre hat sich die Jagd nach Tiefen- und Zeitrekorden erwiesen. Diese Rekordversuche wurden zu medienwirksamen Spektakeln, in denen die Grenzbereiche der Rekordanwärter bis zum Äußersten ausgereizt wurden, was nicht selten zu tödlichen Unfällen führte.

Flossenschwimmer mit Monoflosse.

Nicht unerwähnt soll auch die Entwicklung im technischen Tauchen (Techdive oder Tecdive) bleiben, in der Taucher an den Grenzen der wissenschaftlichen Erkenntnisse Neuland erforschen. Ich hoffe Sie sind klug genug, sich in allen Bereichen erst einmal mit den Grundlagen des ABC- und DTG-Tauchens zu beschäftigen, wobei es durchaus möglich ist, auch gleich mit dem NITROX-Tauchen oder REBREATHER, soweit durch die Anbieter zugestanden, zu beginnen.

Ich vergleiche die Verhältnisse zum besseren Verständnis gern mit dem Erlernen des Autofahrens. Wer auf Automatik gelernt hat, empfindet die Schaltung als moderat veraltet. Wer umgekehrt auf Schaltgetriebe gelernt hat, dem sind die Fahrbefehle der Automatik erst einmal suspekt. Meines Erachtens verhält es sich mit dem Einstieg in die verschiedenen Gas- und Atmungssysteme ähnlich. Am Ende müssen sichere Sportteilnehmer das Ergebnis aller Bemühungen sein.

Vorbereitungen zur Langstrecke.

Flossenschwimmen und Streckentauchen

Flossenschwimmen und Streckentauchen bilden die Grundlagen für alle nachfolgend aufgeführten Wettkampfdisziplinen. Das einwandfreie Beherrschen dieser Tauch- und Flossenschwimmdisziplinen ist die Voraussetzung für die Ausübung des Tauchens als Wettkampfsportart.

Das Flossenschwimmen, in dem es nationale und internationale Meisterschaften gibt, hat als auffälligstes Sportgerät die Monoflosse. Dies ist eine durch Glasfasern verstärkte Einzelflosse, die durch beide Beine, die mit der Flosse durch ein einziges Fußteil verbunden sind, delfinartig angetrieben wird. Inzwischen drängen hier auch teurere Carbonmaterialien in das Geschehen. Mithilfe dieser Monoflosse, deren Beherrschung, aber auch deren Materialkonsistenz für die zu erreichende Leistung von Bedeutung sind, werden Rekordzeiten erreicht, die für den Normalschwimmer geradezu Schwindel erregend sind. So durchpflügen die Flossenschwimmer ihre 100 m in knapp zwei Dritteln der Zeit, die Weltrekordschwimmer für 100 m Freistil benötigen. Flossenschwimm- und Streckentauchwettbewerbe werden in kurzen Sprintstrecken ab 50 m bis zu Langstrecken von 1500 m und in den Staffelwettbewerben 4 x 100 m und 4 x 200 m bei Damen und Herren durchgeführt. Für das Streckentauchen über mehr als 60 m wird neben der Monoflosse noch ein Presslufttauchgerät als Luftvorrat vom Wettkämpfer mitgeführt. Aber nicht nur im Schwimmbad, auch in Freigewässern werden das ganze Jahr hindurch Meisterschaften im Flossenschwimmen durchgeführt. Abhängig von Temperatur und Strömung kann die zurückgelegte Streckenlänge zwischen 3 und 20 km schwanken. In stehenden Gewässern sind die Distanzen naturgemäß kürzer als in schnell fließenden Flüssen.

Diese Disziplinen erfordern neben der ABC-Ausrüstung einen Kälteschutz in Form des Neoprenanzugs. Auch bei diesen Freiwassermeisterschaften gibt es nationale und internationale Vergleichswettbewerbe. Auf nationaler Ebene werden jährlich neben Pokalwettkämpfen Landesmeisterschaften und Deutsche Meisterschaften veranstaltet. Die Jugendabteilung des VDST e.V., führt zudem eigene Jahrgangsmeisterschaften durch, die den Jugendlichen einen Einstieg in diese Sportarten ermöglichen sollen.

Apnoe

Wenngleich witterungsbedingt nicht durchgeführt, gab es 2003 in Tunesien die ersten Apnoemeisterschaften der CMAS. Hier könnte sich ein interessantes Sportfeld für engagierte Freitaucher auftun, die in der Lage sind einen schwierigen Unterwasserparcours innerhalb eines Zeitlimits zu bewältigen, ohne sich in die Gefahren der Tief- und Zeittauchversuche zu begeben.

Orientierungstauchen

Das Orientierungstauchen könnte man als die hohe Schule des Tauchsports bezeichnen, weil es die vielseitigsten Anforderungen an die Wettkämpfer stellt. In Einzelwettbewerben müssen die Taucher unter Wasser einen genau festgelegten Parcours durchtauchen. Diese Meisterschaften finden meist in Gewässern statt, in denen man die Hand nicht vor Augen sieht. Die Orientierung erfolgt ausschließlich über einen Kompass und einen Meterzähler.

Die Orientierungstaucher kennen dabei verschiedene Wettbewerbe. Stets ist aber der Parcours genau festgelegt. Im 550 m langen M-Kurs und in dem noch 100 m längeren 5-Punkte-Kurs wird eine Art Slalom durchtaucht und mit einer Zielleine die Genauigkeit des Einlaufes gemessen. Der Stern schließlich ist eine Kombination beider Einzelsportarten. Je nach Sicht legen die Wettkämpfer den Parcours in 2 bis 5 m Tiefe zurück.

Das eigentliche Tauchgerät ist strömungsgünstig verkleidet und wird vom Wettkämpfer vor sich hergeschoben. Mit kräftigen Flossenschlägen versucht nun der Wettkämpfer, den Parcours so schnell und so genau wie nur möglich zu durchschwimmen. Die pfiffigste Disziplin hierbei ist der Wettkampf M, das Mannschaftsorientierungstauchen nach Karte, kurz MONK genannt. Eine Mannschaft besteht dabei aus zwei Wettkämpfern, die erst mit dem Startschuss die Karte mit dem eingetragenen Parcours erhalten. Unter Wasser muss mit einfachsten Hilfsmitteln der Kurs berechnet und durchschwommen werden. Die Überprüfung an den einzelnen Kontrollpunkten erfolgt durch die Markierung von Kontrollkarten.

Auch in diesen Wettbewerben konnten die Wettkämpfer des VDST z. B. in den vergangenen Jahrzehnten bei internationalen Meisterschaften viele Medaillen erringen.

Das einzige wirklich dreidimensionale Spiel: UW-Rugby.

Unterwasserrugby
Unterwasserrugby ist das einzige wirklich dreidimensionale Ballspiel der Welt. Gespielt wird es in Schwimmbecken mit einer gleichmäßigen Tiefe von 3,40 bis 5,00 m, wobei das Spielfeld etwa 12 bis 18 m Länge und 8 bis 12 m Breite haben muss. Als Tore dienen zwei Körbe mit einem Durchmesser von 40 cm und einer Höhe von 45 cm. Diese werden jeweils an der Schmalseite des Spielfeldes auf dem Beckenboden ganz nahe an die Wand gestellt. Ein Ball (etwa so groß wie ein Handball), der so mit Salzwasser gefüllt ist, dass er eine Sinkgeschwindigkeit von 1 m/sec hat, muss in den Korb der gegnerischen Mannschaft gespielt werden. Eine Mannschaft besteht aus jeweils

elf Spielern, von denen allerdings nur sechs zur gleichen Zeit im Wasser sein dürfen. Die restlichen fünf Auswechselspieler können im fliegenden Wechsel die Mannschaftskameraden im Becken ablösen. Einzige Hilfsmittel sind Flossen, Taucherbrille und Schnorchel.
Ähnlich wie bei anderen Ballsportarten versucht jede Mannschaft, so viele Körbe wie möglich zu machen bzw. zu verhindern, dass die gegnerische Mannschaft Körbe erzielt. Hieraus entwickelt sich ein Taktik- und Konditionsspiel, das zu den kräfteraubendsten Mannschaftssportarten überhaupt gehört. Dass dabei ein interessantes Spiel und nicht nur eine wilde Rauferei unter Wasser stattfindet, darüber wachen zwei Unterwasserschiedsrichter, ausgerüstet mit Druckluftgerät und Signalhupe, sowie ein Spielleiter, der das ganze Geschehen über Wasser kontrolliert. Trotz schneller Auswechselfolgen kann die Spielzeit nur 2 x 15 Minuten bei einer 5-minütigen Pause zwischen den beiden Halbzeiten betragen. Der schnelle Spielverlauf, das Auf- und Abtauchen in kurzer Folge, die Unterwassersprints, das Beherrschen der Balltechnik und die notwendige körperliche Wendigkeit verlangen von den Wettkämpfern eine enorme Kondition sowie Schnelligkeit und besondere Geschicklichkeit.
Unterwasserrugby wird in der Bundesrepublik inzwischen in mehr als 200 Vereinen gespielt, aufgeteilt in Landesliga, Regionalliga und Bundesliga. Jährliche Meisterschaften bis zur Deutschen Meisterschaft und zahlreiche Turniere beleben diese Unterwassersportszene. Darüber hinaus werden Europa- und Weltmeisterschaften ausgetragen. In letzter Zeit wurde die Domäne der Männer in dieser Sportart durch eine Reihe neu gebildeter Damenmannschaften durchbrochen.
Wettkampfinformationen mit den internationalen Regeln für die einzelnen Wettkampfdisziplinen des Flossenschwimmens, des Orientierungstauchens und des Unterwasserrugbys erhalten Sie beim VDST e.V.

UW-Medien

Einzigartig im Sportgeschehen sind die Wettbewerbe des Sporttauchens in den modernen Medien. In keiner anderen Sportart gibt es Wettbewerbe und Meisterschaften im Medienbereich.
Als Fotograf kann man nur unter Wasser Deutscher Meister oder Weltmeister werden.

7. Stufe: Und was kann man sonst noch alles machen?

Fische soweit das Auge reicht.

Auf der einen Seite gewinnen sportliche Fitness für einen engagierten Breitensport wie Apnoetauchen immer mehr Anhänger. Wer einmal mit verbesserter Atemtechnik und trainiertem Freitauchstil wie ein Delfin durch die UW-Landschaften geglitten ist, wird von dieser Faszination, die man an allen Küsten der Welt von Tauchbasen und Flaschenfüllungen unabhängig erleben kann, nicht mehr loskommen und eines dieser letzten großen Abenteuer in freier Natur und im Einklang mit ihr immer wieder genießen. Das heißt nicht, dass man auf das Gerätetauchen verzichten sollte, denn beide Möglichkeiten ergänzen sich zu immer neuen Erlebnissen unter unterschiedlichsten Voraussetzungen.

Zwar haben auch die Wettkampfdisziplinen innerhalb des Sporttauchens ihren Reiz und gewinnen immer mehr an Bedeutung. Medaillenchancen in nationalen und internationalen Wettbewerben verstärken den Zulauf zu diesen faszinierend schnellen Wettkampfsportarten. Dennoch ist Tauchen ja weit mehr als nur ein Sport.

Tauchen ist als Natursport das moderne Freizeiterlebnis, bei dem gleichzeitig sportliche Betätigung mit dem bewussten Erleben der Natur in Einklang gebracht werden kann, wie beispielsweise mit der Fotografie, dem Film oder dem Video. Aus Tier- und Gewässerbeobachtungen entsteht schnell das Verständnis der Notwendigkeit eines umfassenden Schutzes der Gewässer und der darin lebenden Fauna und Flora. Deshalb bietet das Sporttauchen für all diese Bereiche Informationen, Seminare und Ausbildungshilfen, aber auch Erfahrungsaustausch im Rahmen von internationalen und nationalen Veranstaltungen an.

Das Engagement der Sporttaucher reicht weit über die Tier- und Pflanzenbeobachtung unter Wasser hinaus. Unter dem Motto »Fair zur Natur« haben sich die Sporttaucher schon seit langem Regeln auferlegt, die ein umweltgerechtes Tauchen ermöglichen. Das Erkennen der Veränderungen im und unter Wasser veranlasste die Sporttaucher, sich verstärkt um den Schutz aller Gewässer zu bemühen. Daneben ist nicht zu vergessen, dass unsere Seen und Meere wichtige historische Schätze in Form gesunkener Schiffe und versunkener Hafenanlagen oder Küstenbereiche beinhalten. Auch hier leisten Sporttaucher oft wertvolle Beiträge zum Schutz des kulturhistorischen Unterwassergutes, das für Archäologen eine wichtige Fund- und Erkenntnisquelle ist.

Unterwasser-Film, -Foto, -Video

Die Sporttaucher bei uns haben sich früh und eindeutig gegen die Jagd mit der Harpune ausgesprochen. Stattdessen forcieren sie die Jagd mit der Kamera zur Dokumentation der fantastischen Unterwasserwelt. Für alle drei Dokumentationsmethoden, sowohl für die Fotografie, den Film und das Video, treten die gleichen Problemstellungen auf. Die Kameras müssen wasserdicht sein, und daneben muss eine ausreichende Menge künstlichen Lichts unter Wasser geschaffen werden, damit mithilfe dieser Scheinwerfer aus dem Blaugrau der Unterwasserszenerie die versteckte farbenprächtige Welt wieder hervorgezaubert werden kann. Vom eingestrahlten Sonnenlicht werden nämlich bereits rund 5% an der Oberfläche reflektiert.

Da das Wasser aufgrund seiner chemischen und physikalischen Zusammensetzung eine andere Dichte als die Luft besitzt, werden einfallende Lichtstrahlen

Die eigenen Erlebnisse dokumentieren.

auch anders gebrochen als in der Luft. Neben diesen Gegebenheiten absorbiert das Wasser die Spektralfarben des Lichts, das heißt, es wirkt wie ein Farbfilter. Diese Farbabsorption richtet sich nach der unterschiedlichen Wellenlänge der einzelnen Lichtstrahlen. So verschwindet das langwellige Rot bereits ab 1 m Tiefe, das Orange folgt bis in 5 m, und in 10 m ist auch das Gelb schon teilweise verschwunden. In Tiefen von 20 m ist der Grünanteil stark zurückgenommen, und ab 30 m beginnt auch der letzte Rest der Spektralfarben, genauer gesagt das Blau, zu schwinden. Für das eigene Erleben bedeutet dies, dass mit zunehmender Tiefe die Helligkeit abnimmt und zum anderen ein monochromatischer Farbeindruck der Unterwasserwelt entsteht.

Der erfahrene Taucher wird aus den unterschiedlichen Helligkeitswerten und Grau- und Blauabstufungen die ursprünglichen, im Scheinwerferlicht wieder zu Tage tretenden Farben ausmachen können. Doch um diese Farben auch festzuhalten, ist der Unterwasserblitz oder die Unterwasserlampe unerlässliches Zubehör für Unterwasseraufnahmen.

Das Problem der Wasserdichtigkeit kann auf zwei Weisen bewältigt werden. Zum einen gibt es leicht zu betätigende Unterwasserkameras, die bereits wasserdicht sind. Zum anderen verwendet man Unterwassergehäuse, das sind wasserdichte Behälter, die allerlei Bedienungsmöglichkeiten für die Kamera unter Wasser bieten und die Kamera wasserdicht einschließen.

Die einfachste Möglichkeit, allerdings in der Tauchtiefe beschränkt, bietet eine Plastiktasche, wie sie zum Beispiel von EWAmarin angeboten wird. Hier kann man ohne Probleme die normale Kamera mit dem aufgesteckten Blitz in einen solchen Plastikbeutel, der eine Plexiglasfrontscheibe besitzt, einbauen und unter Wasser Fotos machen. Der fortgeschrittene Unterwasserkameramann wird hier allerdings auch unter Wasser Präzisionsgeräte und Präzisionsgehäuse ohne Anwendungseinschränkungen bevorzugen. Angeregt durch Fernsehdokumentationen, Bücher und Fachmagazine haben in den vergangenen Jahren immer mehr Sporttaucher zu diesen interessanten Bereichen der Unterwasserdokumentation gefunden. Über die Sportorganisationen haben sich inzwischen Interessengruppen zu den »Modernen Medien« gebildet, die zu diesen Themen Lehrgänge, Seminare und Workshops anbieten.

Ein weiterer Anreiz sind sicherlich die nationalen und internationalen Wettbewerbe, bei denen die besten Fotografen und fotografischen Ergebnisse ermittelt werden. Ein reger Informationsaustausch ist die ideale Grundlage für die eigene Entwicklung und das bessere Gestalten im Rahmen der Unterwasserdokumentation.

Gerade die neuen Digitalkameras bieten hier neue Aktionsmöglichkeiten, in denen man wirklich noch Pionier sein kann.

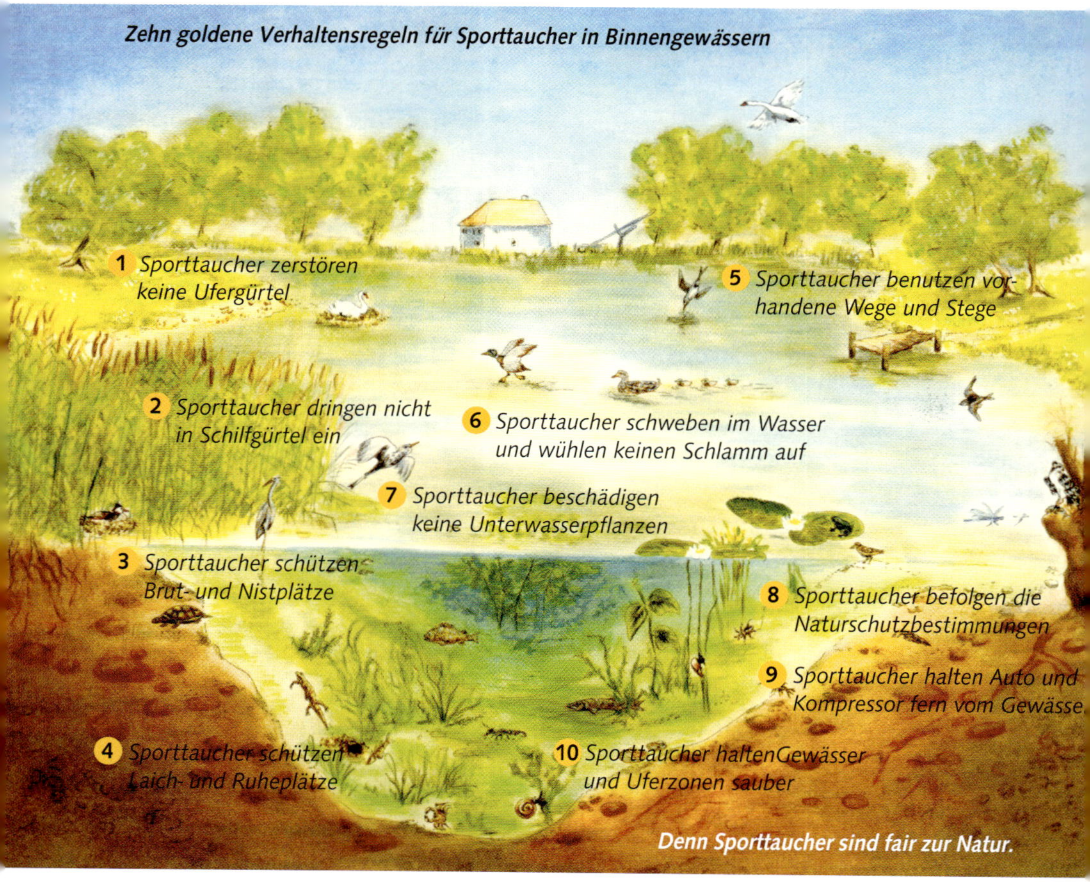

Beobachtung einer Muräne im Mittelmeer. (Sie haben keine Giftdrüsen im Maul, aber die Eiweißspeisereste im Maul können Folgen haben.)

Tierbeobachtungen und Gewässerschutz
Wie kaum eine andere Sportart verbindet das Tauchen bzw. das Schnorcheln Erlebnis und Abenteuer der Natur mit sportlicher Aktivität. Doch wer sich heute im Rahmen einer aktiven Sportausübung in der Natur bewegen will, ganz egal ob über, im oder unter Wasser, sollte wesentliche Regeln zum Schutz der Natur nicht außer Acht lassen. Deutsche, österreichische und Schweizer Sporttaucher, haben vor vielen Jahren beschlossen, darauf zu verzichten, Tiere und Pflanzen aus Sammlerleidenschaft oder zu Souvenirzwecken aus dem Wasser zu nehmen und zu töten. Ebenso haben sie auf die Jagd mit der Harpune verzichtet. Stattdessen treten sie für den Schutz der Lebensbereiche unter Wasser und der angrenzenden Uferzonen mit allen darin lebenden Tier- und Pflanzenarten ein und fördern die Belange des internationalen Gewässerschutzes. Durch freiwillige Gewässerbeobachtungen, Gewässerreinigungen und die Übernahme von Aufgaben innerhalb des Gewässerschutzes können sich Sporttaucher aktiv in die Erhaltung unserer Natur einschalten. Sporttaucher arbeiten in diesem Rahmen mit allen wichtigen Organisationen wie der Aktionsgemeinschaft Artenschutz, Greenpeace, dem Deutschen Naturschutzring und dem World Wildlife Fund zusammen. Sporttaucher sind hier wichtige Helfer im Kampf zur Rettung der Meere und Seen. Mit den zehn Goldenen Regeln (siehe auch Seite 106) werden die wichtigsten Verhaltensweisen des umweltgerechten Tauchens in Seen aufgezeigt.
Ansprechpartner für alle Fragen aus dem Bereich des Umwelt- und Gewässerschutzes sowie für biologische Aspekte beim Sporttauchen und Schnorcheln ist die Sachabteilung Unterwasserforschung

und -wissenschaft des VDST, der Förderkreis Sporttauchen e.V. mit Sitz in Bruchsal, oder PADI AWARE, die Umweltaktion von PADI.

Unterwasserarchäologie
Wer an versunkene Schiffe, Hafenanlagen oder gar ganze Städte denkt, der träumt sicherlich heimlich auch von den großen Schätzen, die noch auf dem Grund des Meeres zu finden sind. Doch nur wenigen, wie zum Beispiel dem weltbekannten Schatzsucher Mel Fisher, der das Wrack der ANTOCHA mit einem Schatz von mehr als 200 Millionen Dollar, bestehend aus Goldbarren und Schmuck, entdeckt hat, ist das Glück des Schatzsuchens wirklich hold. Zudem darf nicht unbeachtet bleiben, dass auch unter Wasser Schätze und kulturhistorische Funde geschützt sind, und in den meisten Küstenregionen ist es unter Strafe verboten, diese Funde herauszunehmen.
Die professionelle Unterwasserarchäologie, der man sich als ausgebildeter Sporttaucher zuwenden kann, besteht hauptsächlich aus viel Detail- und Kleinstarbeit. Unter wissenschaftlicher Leitung werden mehrere 100 m^2 unter Wasser, wo man bereits fündig wurde, vermessen, gesichtet und geborgen, sortiert, zugeordnet und wissenschaftlich bearbeitet. Oft ergibt sich erst nach wochenlanger Arbeit ein Überblick des Scherbenfeldes, das sich dann als Überrest eines antiken Wracks entpuppen kann. Jedes einzelne noch so kleine Fragment ist von Bedeutung, so wie erst alle Steinchen zusammen die Gesamtheit eines Mosaikbildes ergeben. Auch hier ist ein wichtiger Kontaktpartner für alle Interessierten die Sachabteilung Unterwasserforschung und -wissenschaft des VDST oder die DEGUWA, die Deutsche Gesellschaft für Unterwasserarchäologie. Adresslisten finden Sie im Anhang des Buches.
Es wäre vermessen, mit diesen wenigen Hinweisen bereits behaupten zu wollen, alle Aspekte des Sporttauchens und der vielseitigen Einsatzmöglichkeiten dieser Sportart abgedeckt zu haben. Sinn und Zweck sollte es auch nur sein, Sie mit dem weiten Feld sportlicher Aktivitäten und Naturerlebnisse bekannt zu machen. Es wird an Ihnen selbst liegen, welchen Weg Sie als Sporttaucher einschlagen und für welche Schwerpunkte Sie sich entscheiden werden. Aber immer sollten Sie aus der Verpflichtung unserer Erde gegenüber das Sporttauchen nur unter dem Motto betreiben:
»Sporttaucher sind fair zur Natur.«

Fundbergung für eine wissenschaftliche Untersuchung.

Anhang
Dekotabelle

Austauchtabelle DECO 2000

	Stopp in	6	3	m
12	36			D
140'	54			E
	72			F
	90			G
	108			G
15	24			D
72'	36			E
	48			E
	60			F
	72			G
	84		4	G
18	15			C
45'	25			D
	35			E
	45			F
	55		4	F
	65		8	G
	75		14	G
21	11			C
31'	16			D
	21			D
	26			E
	31			E
	36		2	F
	41		5	F
	46		7	F
	51		10	G
	56		13	G
	61		17	G
24	7			B
23'	11			C
	15			D
	19			D
	23			E
	27		2	E
	31		4	F
	35		7	F
	39		9	F
	43	1	12	G
	47	2	14	G
	51	3	17	G
	55	5	19	G

	Stopp in	9	6	3	m
27	6				B
18'	10				C
	14				D
	18				E
	22			2	E
	26			5	F
	30			8	F
	34		2	10	F
	38		3	13	G
	42		5	15	G
	46		7	18	G
	50		9	21	G
30	6				B
15'	9				C
	12				D
	15				D
	18			2	E
	21			4	E
	24		1	6	F
	27		2	8	F
	30		3	10	F
	33		5	12	G
	36		6	15	G
	39	1	7	17	G
	42	1	9	19	G
33	6				C
12'	9				D
	12				D
	15			2	E
	18			5	E
	21		1	7	F
	24		3	8	F
	27		5	10	F
	30	1	5	13	G
	33	2	7	15	G
	36	3	8	18	G
36	6				C
10'	10				D
	14			3	E
	18		2	5	F
	21		3	8	F
	24	1	4	11	F
	27	2	6	13	G
	30	3	7	16	G
	33	4	9	19	G

	Stopp in	12	9	6	3	m
39	6					C
9'	9					D
	12				3	E
	15			1	5	E
	18			3	7	F
	21		1	5	9	F
	24		3	5	13	G
	27		4	7	16	G
42	4					C
7'	7					D
	10				2	E
	13			1	5	E
	16			4	6	F
	19		2	4	10	F
	22		3	6	13	G
	25	1	4	8	16	G
45	6					D
6'	8				1	D
	10				3	E
	12			2	4	E
	14		1	3	6	F
	16		2	3	9	F
	18		3	5	10	F
	20	1	3	6	13	G
	22	2	4	7	15	G
48	5					C
5'	7				1	D
	9			1	3	E
	11			2	5	E
	13		1	3	6	F
	15		2	4	9	F
	17	1	3	5	11	F
	19	2	3	6	14	G
	21	3	4	7	17	G
51	6				1	D
5'	8			1	3	E
	10			2	5	E
	12		1	3	7	F
	14		3	4	9	F
	16	1	3	6	11	F
	18	2	4	7	14	G

0 – 700m ü. N.N.
Aufstieg mit 10m/min

Autor: Dr. Max Hahn

Die von Dr. Max Hahn erstellte Austauschtabelle DECO 2000 erlaubt Tauchgänge in Höhen von 0 bis 700 Metern über NN. Sie ist für eine Austiegsgeschwindigkeit von 10m/min berechnet.

Tiefe m / Nullzeit min(')	Grundzeit min	15	12	9	6	3 m	Wiederholungsgruppe
54 4'	6					2	D
	8				1	4	E
	10			1	2	6	E
	12			2	4	7	F
	14		1	3	5	10	F
	16		2	4	6	13	G
57 3'	6					3	D
	8				2	4	E
	10			2	3	6	F
	12		1	2	4	9	F
	14		2	3	6	12	F
	16	1	3	4	7	15	G

Tiefe m / Nullzeit min(')	Grundzeit min	15	12	9	6	3 m	Wiederholungsgruppe
60 3'	6				1	3	E
	8			1	2	5	E
	10		1	2	3	7	F
	12		2	3	4	11	F
	13	1	2	3	5	12	F
	14	1	2	4	6	14	G
63 2'	6				1	4	E
	8			1	3	6	E
	10		1	2	4	9	F
	11		2	3	4	10	F
	12	1	2	3	6	12	F
	13	1	2	4	6	14	G

Stopp in: 15, 12, 9, 6, 3 m

Dekotiefe m

Tiefe m

Nullzeit min(')

Grundzeit min

Dekopausen min

Wiederholungsgruppe

Erst planen – dann tauchen !

Oberflächenpause (h:min)

Wiederholungsgruppe											
G	2:00	3:00	4:00	5:00	6:00	7:00	8:00	9:00	10:00	12:00	24h
F	0:30	1:00	1:30	2:15	3:00	3:45	4:30	5:30	6:30	10:00	20h
E			0:30	1:00	1:30	2:00	2:30	3:00	3:30	8:00	16h
D					0:30	0:45	1:00	1:30	2:00	6:00	12h
C							0:10	0:20	0:30	4:00	8h
B								0:10	0:20	2:00	4h

Zeitzuschläge (min)

Tiefe des Wiederholungstauchgangs (m)									
12	66	60	54	47	41	35	30	25	20
15	52	47	42	37	32	27	23	19	16
18	43	39	34	30	26	22	19	16	13
21	36	33	29	26	22	19	16	13	11
24	31	28	25	22	19	16	14	12	10
27	27	25	22	19	17	14	12	10	8
30	24	22	20	17	15	13	11	9	8
33	22	20	18	16	14	12	10	8	7
36	20	18	16	14	12	11	9	7	6
39	18	17	15	13	11	10	8	7	6
42	17	15	14	12	10	9	8	6	5
45	16	14	13	11	10	8	7	6	5
48	15	13	12	10	9	8	6	5	4
51	14	12	11	10	8	7	6	5	4
54	13	12	10	9	8	7	6	5	4
57	12	11	10	9	7	6	5	5	4
60	11	10	9	8	7	6	5	4	4
63	11	10	9	8	7	6	5	4	3

Zeitzuschlag zur Grundzeit (min)

VDST e.V.

BARAK DA

FST

EUROPEAN DIVING INSTRUCTORS' ASSOCIATION

Der Abdruck erfolgt mit freundlicher Genehmigung des VDST e.V. Zu beziehen über: VDST-Tauchsport-Service GmbH, Berliner Str. 312, 63067 Offenbach.

Physikalische Grundlagen des Tauchens

In diesem Kapitel finden Sie die wichtigsten physikalischen Größen sowie die für das Tauchen notwendigen physikalischen Gesetze in einer kurzen Zusammenstellung.

Physikalische Größen, ihre Einheiten, Symbole und Namen

Die primären Gefahren des Tauchens liegen in den weit tragenden Auswirkungen des unter Wasser gegebenen erhöhten Umgebungsdruckes. Innerhalb des Körpers können Druckdifferenzen auftreten, die auf dem unterschiedlichen Verhalten von Gasen, Flüssigkeiten und festen Körpern unter Druck basieren. Als Druck bezeichnet man die Kraft, mit der ein Körper mit einem bestimmten Gewicht (Masse) auf eine Unterlage (Fläche) wirkt.

$$p = \frac{F}{A} \qquad \text{Druck} = \frac{\text{Kraft}}{\text{Fläche}}$$

Für die Unterlage ist hingegen Druck und Gewicht nicht das Gleiche, hier ist die Verteilung des Gewichts auf einer großen oder einer kleinen Auflagefläche von Bedeutung.

Die Einheit des Druckes ist
1 Pascal (Pa) = 1 N/m^2 = 1 kg/m · s^2
Für den Tauchsport hat sich neben der oben genannten verbindlichen SI-Einheit die meteorologische Druckeinheit Bar für den Druck als geeignet erwiesen. 1 bar entspricht der Last von 1 Kilopond (kp), die auf einer Fläche von 1 cm^2 lastet, wobei 1 kp = 9,81 N.
Da 1 bar = 100.000 Pa würden sich sonst zu hohe und unübersichtliche Zahlen ergeben.

Nicht nur feste oder flüssige Körper können eine Druckkraft ausüben, auch Gase, insbesondere die gesamte atmosphärische Luft, die sich über jedem Punkt der Erde befindet, übt aufgrund ihrer Masse auf den Erdboden wie auch auf die Wasseroberfläche einen bestimmten Druck aus. Dieser Luftdruck beträgt an der Wasseroberfläche in Meereshöhe 1 bar.

Die wichtigsten Gasgesetze für das Tauchen

Das Boyle-Mariottesche Gesetz

$p \cdot V = k$
(p = Druck, V=Volumen, k = konstant)
Dieses Gesetz beschreibt die Zusammenhänge von Druck und Volumen eines »idealen« Gases bei gleich bleibender Temperatur. Es bedeutet, dass sich bei Erhöhung des Drucks das Volumen eines Gases im gleichen Maße verringert und umgekehrt bei abnehmendem Druck sich das Volumen entsprechend vergrößert. Erfahrungen mit diesem Gesetz haben Sie sicher bereits in Verbindung mit Luftpumpe und Fahrradreifen gemacht. Durch das Aufpumpen pressen Sie Luft in die Reifen, wodurch der Druck im Innern ansteigt, das Volumen aber durch die starre Reifengröße nicht verändert werden kann.
Dieses Gesetz lässt sich erweitern, indem man zwei verschiedene Druck- und Volumensituationen einander gegenüberstellt. So zum Beispiel den Anfangsdruck und das Anfangsvolumen eines Luftballons an der Wasseroberfläche mit den Druck- und Volumenverhältnissen desselben Ballons, den man auf 20 m Tiefe heruntergezogen hat. Die Bezie-

hung, die hier über das Boyle-Mariottesche Gesetz hergestellt werden kann, lautet:

$$p_1 \cdot V_1 = p_2 \cdot V_2$$

(p_1 = Anfangsdruck, p_2 = Enddruck, V_1 = Anfangsvolumen, V_2 = Endvolumen)
In unserem Beispiel hätte der Ballon an der Wasseroberfläche bei 1 bar Luftdruck ein Volumen von 20 l Luftinhalt, sein Volumen in 20 m Tiefe wäre dann:

$$V_2 = (p_1 \cdot V_1) : p_2$$
$$V_2 = (1\ \text{bar} \cdot 20\ \text{l}) : 3\ \text{bar} = 6{,}6\ \text{l}.$$

Das Volumen des Luftballons wäre hier von 20 l aufgrund des höheren Umgebungsdrucks auf 6,6 l zusammengepresst worden.

Das Daltonsche Gesetz

$$p_{Gesamt} = p_a + p_b + p_c \ldots$$

für die Gasbestandteile a, b, c ...

Dieses Gesetz besagt, dass sich der Gesamtdruck eines Gasgemisches, wie es zum Beispiel die Luft darstellt, aus den Teil- bzw. Partialdrücken der beteiligten Einzelgase zusammensetzt. Bei 1 bar Luftdruck würden somit 78 % des Gesamtdruckes von den 78 Volumenprozenten des anteiligen Stickstoffes erzeugt, 21 % von den 21 % Sauerstoffanteilen und 1 % aus den verbleibenden Restmengen der Edelgase und des Kohlendioxids.

Das Gay-Lussacsche Gesetz

$$\frac{p_1}{T_1} = \frac{p_2}{T_2}$$

p_1 = Anfangsdruck
p_2 = Enddruck
T_1 = Anfangstemperatur
T_2 = Endtemperatur

Dieses Gesetz berücksichtigt den Temperaturfaktor bei den Betrachtungen über das Verhalten der Gase. Bei gleich bleibendem Volumen, wie es zum Beispiel in einer Tauchflasche der Fall ist, ändert sich der Druck der vorgegebenen Gasmenge im gleichen Maße wie die Temperatur. Wichtig zu wissen ist, dass die Berechnungen im Rahmen dieses Gesetzes als Temperaturbezug die physikalische Größe Kelvin (K) benutzen. Der Ausgangspunkt für diese Temperaturskala in Kelvin ist der absolute Nullpunkt, 0 Kelvin, der einer Celsius-Temperatur von -273 °C entspricht. An diesem absoluten Nullpunkt sind alle Moleküle in Ruhe, das heißt, alle Körper, auch Gase, liegen in festem Zustand vor. Eine tiefere Temperatur oder gar Minustemperaturen gibt es mit Kelvin nicht. Ein Beispiel aus der Tauchpraxis: Ein Druckluftgerät mit einem bei 15°C gemessenen Fülldruck von 200 bar liegt in der Sonne und erwärmt sich auf 40°C. Nach dem oben beschriebenen Gesetz wird nun der Druck, da sich das Volumen der Tauchflasche nicht ändern kann, steigen. Hier die Berechnung:

$$\frac{200\ \text{bar}}{288\ \text{K}} = \frac{p_2}{313\ \text{K}}$$

$$p_2 = \frac{200\ \text{bar} \cdot 313\ \text{K}}{288\ \text{K}} = 217{,}4\ \text{bar}$$

$p_1 = 200$ bar
$T_1 = 15°C = 15 + 273 = 288$ K
$T_2 = 40°C = 40 + 273 = 313$ K

Das Henrysche Gesetz

Dieses Gesetz befasst sich mit dem Lösungsverhalten von Gasen in Flüssigkeiten. Von besonderer Bedeutung ist dieses Gesetz für das Lösungsverhalten von Stickstoff und Sauerstoff in unseren Körperflüssigkeiten. Das Gesetz sagt aus, dass sich die bei einer gegebenen Temperatur in einer Flüssigkeit lösende

Gasmenge in einem direkten Verhältnis zum Teildruck dieses Gases steht. Für den Sporttaucher bedeutet dies, dass das Lösungsverhalten des Gases umso besser wird, je höher der Partialdruck (Teildruck) dieses Gases steigt. Oder, direkt auf den Tauchvorgang bezogen, dass sich mit zunehmender Tiefe die einzelnen Gase des Atmungsgemisches besser in unseren Körperflüssigkeiten lösen. Umgekehrt hat dieser Vorgang zur Folge, dass mit abnehmender Tauchtiefe diese Lösung rückgängig gemacht wird, was zu den notwendigen Austauchzeiten bei längeren Tauchgängen führt.

Physikalisch-chemische Eigenschaften des Wassers

Auch wenn aus dem Alltag viele Eigenschaften des Wassers bekannt sind, so ist es doch erforderlich, auf einige wesentliche Punkte aus wissenschaftlicher Sicht einzugehen. Dass man in Wasser Salze, Säuren, Zucker und viele andere Stoffe lösen kann, dürfte Ihnen bekannt sein. Dass Dinge auf dem Wasser schwimmen, manche einsinken oder schweben und andere wiederum untergehen, ist Ihnen ebenfalls nicht neu. Die wissenschaftliche Erklärung für Letzteres ist das Archimedische Prinzip.

Das Archimedische Prinzip beschreibt die Zusammenhänge von Auftrieb, hydrostatischem Gleichgewicht und dem Abtrieb. Ein in eine Flüssigkeit getauchter Gegenstand verliert so viel an Gewichtskraft, wie die verdrängte Flüssigkeitsmenge wiegt. Ist das Verhältnis von Gewicht zu verdrängtem Volumen gleich Null, so wird der betreffende Körper schweben, sich in einem hydrostatischen Gleichgewicht befinden. Ist das Ergebnis größer Null, so spricht man vom Abtrieb, der Körper würde absinken, wohingegen ein negativer Wert, gleichbedeutend mit dem Auftrieb, den Körper aufsteigen lassen würde.

Der Taucher, ob mit oder ohne Gerät, ist in ähnlicher Weise den geschilderten Auf- und Abtriebskräften ausgesetzt. Er kann dies jedoch mit einer Tarierweste kompensieren. Zum Austarieren verwendet man Bleigewichte. Diese haben den Vorteil, dass sie bei einer hohen Dichte nur ein geringes Volumen beanspruchen, das heißt, dass die schweren Bleigewichte nur wenig Wasser verdrängen, damit auch der Gewichtsverlust durch die Auftriebskraft im Wasser recht gering bleibt. Ein gut austarierter Taucher sollte mit seiner gesamten Ausrüstung so im Wasser schweben, dass er im eingeatmeten Zustand noch mit dem halben Kopf aus dem Wasser ragt, beim Ausatmen aber leicht absinkt. Mit leerem Jacket kann man so noch an der Oberfläche schwimmen.

Beachten Sie aber, dass Salz- und Süßwasser voneinander abweichende Dichten besitzen. Salzwasser ist schwerer als Süßwasser, das bedeutet, dass Sie im Salzwasser einen größeren Auftrieb als im Süßwasser erfahren. Die zum Austarieren benötigte Bleimenge ist demzufolge im Salzwasser größer als im Süßwasser.

Nicht vergessen darf man in diesem Zusammenhang eine physikalische Besonderheit des Wassers. Jede »normale« Flüssigkeit wird mit abnehmender Temperatur spezifisch schwerer. Wasser dagegen erreicht seine größte spezifische Dichte bei einer Temperatur von 4 °C, bei einer weiteren Abkühlung wird es wieder leichter. Somit wird verständlich, dass bei 0 °C das zu Eis gefrorene Wasser an der Wasseroberfläche schwimmt und in stehendem Wasser stets eine Tiefenschicht von etwa 4 °C vorzufinden ist, die bis zum Grund konstant erhalten bleibt.

Verbandsadressen

CMAS Germany
Berliner Str. 312
D-63067 Offenbach
Telefon: 069.981902-0
Fax: 069.981902-99
E-Mail: berendt@vdst.de
http://www.cmas-germany.de

Barakuda
Borbeckerstr. 249
45355 Essen
Tel: 0201.670049
Fax: 0201.780750
E-Mail: info@barakuda.de
http://www.barakuda.de

Deutsche Lebensrettungs Gesellschaft – DLRG
Im Niederfeld 2
31542 Bad Nenndorf
Tel: 005723.955609
Fax: 005723.9550
E -Mail: Ortwin.Kreft@DLRG.de
http://www.dlrg.de/

Freie Internationaltätige Tauchlehrer e.V – FIT
Breckererfeldstr. 136
Tel: 02333.74075
Fax:02333.74038
E-Mail: FIT-ev@t-online.de
http://www.fit-ev.de

Fachverband staatlich geprüfter Tauchsportlehrer e.V. – FST
Neue Str. 8
38700 Braunlage
Tel: 05520.923502
Fax: 0721.151414946
E-Mail: praesident@fst-ev.com
http://www.fst-ev.com

international committee of marine conservation – ICMC
Donauschwabenstr. 20
65239 Hochheim am Main
Tel: 06146.846437
Fax: 06146.846439
E-Mail: zentralverwaltung@icmc-tauchsport. de
http://www.icmc-tauchsport.de

International Diving Association – IDA GbR
Dorfstr. 267
24147 Klausdorf
Tel: 0431.7992577
Fax: 0431.7992577
E-Mail: IDA.Kiel@t-online.de
http://www.ida-worldwide.com

International Tek Divers – ITD
Postfach 220207
86182 Augsburg
Tel: 0821.5894170
Fax: 0821.583752
E-Mail: info@ITD.info
http://www.ida-worldwide.com

NAUI Service für CH, A, und D
Obere Seestrasse 66
CH-8272 Ermatingen
Switzerland
Tel: 0041-71-660-06-86
Fax : 0041-71-660-06-85
E-mail: naui@naui.ch
http://www.naui.ch/

PADI EUROPE
Oberwilerstrasse 3
CH-8442 Hettlingen
Switzerland
Tel: 00 41 52 304 14 14
Fax: 0041 52 304 14 99
http://www.padi.com

Protec-CMAS-Division
Blocklander Hemmstr. 36a
28357 Bremen
Tel: 0421.3760535
Fax: 0421.3760536
E-Mail: info@pits-tauchbasis.de
http://www.protecdive.com

SSI GmbH
Johann-Höllfritsch-Str. 47
90530 Wendelstein
Tel.: 09129-9099 380
Fax: 09129-9099 3850
Email: info@ssi-germany.de
http://www.ssi-germany.de

SUSV Schweiz
Pavillonweg 3
3012 Berne
Switzerland
Tel: 0041 (31) 301 4343
Fax : 0041 (31) 301 4393
E-mail: admin@fsss.ch
http://www.fsss.ch

TSVÖ Österreich
Fischergasse 21
4600 Wels
Tel: 07242/350 594
Fax: 07242/350 594
tsvoe.pr@publicink.at
http://www.tsvoe.or.at

United Diving Instructors – UDI
Gugelstr. 112
90459 Nürnberg
Tel: 0911.448268
0911.4467973
E-Mail: udi@dolly-online.de
http://www.udi-world.de

Verband Deutscher Sporttaucher e.V. – VDST
Berliner Str. 312
D - 63067 Offenbach
Tel: 069.981902-0
Fax: 069.981902-99
E-Mail: berendt@vdst.de
http://www.vdst.de

Verband Europäischer Sporttaucher – VEST
Hörner Esch 68
26215 Wiefelstede
Tel: 04402.69939
Fax: 04402.60631
E-Mail: info@vest-dive.de
http://www.vest-dive.de

Verband Internationaler Tauchschulen - VIT e.V.
Raunheimer Str. 44
55246 Mz - Kostheim
Tel: 06134.260489
Fax: 06134.21521
E-Mail: info@vit-2000.de
http://www.vit-2000.de

Register